PRÉCIS
DE L'HISTOIRE
D'AVESNES.

IMPRIMERIE DE C. VIROUX, A AVESNES.

PRÉCIS DE L'HISTOIRE D'AVESNES,

Par M. I. LEBEAU,

PRÉSIDENT DU TRIBUNAL DE L'ARRONDISSEMENT,
OFFICIER HONORAIRE DE L'ACADÉMIE DE DOUAI,
MEMBRE CORRESPONDANT DE LA SOCIÉTÉ ROYALE
DES ANTIQUAIRES DE FRANCE,
DE LA SOCIÉTÉ ROYALE ET CENTRALE D'AGRICULTURE, SCIENCES
ET ARTS DU DÉPARTEMENT DU NORD,
DE LA SOCIÉTÉ D'ÉMULATION DE CAMBRAI, ETC.

AVESNES,
C. VIROUX, IMPRIMEUR-LIBRAIRE.

1836.

AVIS DE L'ÉDITEUR.

Nous avons enfin l'avantage de pouvoir offrir à nos concitoyens une HISTOIRE D'A-VESNES, sortie de la plume d'un écrivain consciencieux. Indépendamment des connaissances locales que M. LEBEAU a acquises, nous savons qu'il possède quantité de notes, de mémoires, de manuscrits venant du grand oncle de sa femme, *Antoine Dumées*, auteur de plusieurs traités de jurisprudence et des *Annales Belgiques;* qu'il a fait des recherches dans tous les dépôts qui lui ont été ouverts et qu'il doit des documens précieux à l'obligeance de M. *Taillandier*, ancien député de l'arrondissement.

Toutefois, ce n'était pas, selon nous, une tâche facile que d'extraire d'un amas d'écrits arides, la plupart incohérens et d'une date incertaine, d'assembler, de coordonner, de disposer dans un ordre méthodique, des matériaux convenables, et d'en faire ressortir le tableau d'une ville peu connue avec celui des événemens dont elle a été le théâtre dans toutes les périodes de son existence.

L'impression d'un tel ouvrage n'était pas non plus sans écueil. Composé en partie sur d'anciens manuscrits, il fallait reproduire les expressions comme l'orthographe des différens âges auxquels ils se rapportent, il est dès-lors aisé de sentir qu'il y a dans un pareil travail de quoi exercer la patience d'un typographe; nous n'avons néanmoins épargné ni tems, ni labeur pour obtenir un heureux résultat. L'auteur a bien voulu se charger avec nous du soin de revoir les épreuves; mais ceux qui connaissent les procédés

. . . . de cet Art ingénieux
Qui fixe la parole, et la peint à nos yeux,

Savent que malgré la plus minutieuse investigation, l'attention la plus soutenue, il échappe toujours quelques fautes. Les ouvrages des grands maîtres n'en sont pas exempts, et l'auteur du *Dictionnaire des Dictionnaires*, œuvre de la classe de celles qui exigent le plus de correction, a noté, dans une des éditions récentes de son livre, environ mille fautes d'impression. On ne doit donc pas s'attendre à n'en trouver aucune dans celui-ci; mais elles y sont en bien petit nombre (à part celles qui sont inhérentes aux citations que nous avons scrupuleusement reproduites), et les principales sont corrigées dans un *Errata*.

Si ce début dans la typographie, portée de nos jours à un si haut degré de perfection, par les *Didot*, les *Crapelet*, les *Rignoux*, les *Pinart*, etc., peut nous mériter le suffrage de nos concitoyens, nous serons suffisamment récompensé des soins que nous avons donnés à cette publication.

Vicoux.

A mes Concitoyens,

> *Ut possemus aliquando qui et ubi essemus agnoscere.*
> CICÉRON.

PRÉCIS
DE L'HISTOIRE
D'AVESNES.

Dans un lieu agreste, au milieu des forêts, sur la cîme d'un rocher dont le pied était baigné par la petite rivière d'Helpre, s'élevaient çà et là quelques chaumières autour d'une chapelle rustique; c'était Avesnes au XIe siècle [1]. Wederic-le-Barbu y bâtit une tour [2]. Son fis Thierri convertit cette tour en château, et fit construire une vaste et belle église [3] à la place du modeste édifice qui jusqu'alors avait eu la même destination.

En chassant dans la forêt de Mormal, Thierri, emporté par son ardeur loin de ses gens, tomba dans des embûches qu'Isaac de Berlaimont, son ennemi, avait fait dresser pour le surprendre, et fut assassiné [4]. Comme il n'avait pas d'enfans, il eut pour successeur Gossuin d'Oisy, son neveu, châtelain de Cambrai, à qui Bauduin de Jérusalem, conféra la dignité de pair du Hainaut.

Gossuin ayant fait ceindre Avesnes de murailles, malgré le comte, Bauduin vint à la tête d'une armée, dans le dessein de l'obliger à respecter ses volontés. Gossuin marcha au-devant de lui. Leurs troupes se rencontrèrent sur la Sambre. On s'y battit pendant deux jours avec des chances incertaines ; mais au troisième, Gossuin fut vaincu et fait prisonnier. On l'enferma dans le château de Mons, où, pour l'humilier, on lui fit couper la barbe. Le comte lui rendit néanmoins la liberté au bout de quelque temps, et le laissa paisiblement achever de fortifier Avesnes [5].

Au retour d'un voyage en Terre-Sainte, Gossuin alla terminer ses jours dans le monastère de Liessies [6]. En lui succédant, Gautier, surnommé le Beau, quitta le nom d'Oisy, pour prendre celui d'Avesnes, qu'un seigneur de cette maison, Gérard, tué misérablement sur les remparts d'Arsur, avait déjà illustré [7].

Maître altier, voisin turbulent, vassal insubordonné, Gautier était d'un caractère intraitable. Les efforts de Saint Bernard, pour le reconcilier avec les moines de Liessies, auxquels il avait fait beaucoup de mal [8], et qu'il voulait dépouiller des biens que ses prédécesseurs leur avaient donnés, n'eurent qu'un succès éphémère. Obligé de comparaître à la cour de son suzerain au sujet de plusieurs méfaits, il se livra dans la chaleur des débats, à un si violent accès de colère, qu'il tomba évanoui, et fut transporté mourant, dans une pièce voisine, où il expira la nuit suivante [9]. Le second de ses fils, Nicolas, surnommé le Beau, comme son père, obtint l'investiture des terres de Condé, de Leuze et d'Avesnes [10].

Nicolas bâtit le château de Landrecies. Il avait épousé la veuve d'un brave chevalier [11];

de laquelle il eut trois enfans : l'aîné, Jacques d'Avesnes, lui succéda.

Les brillantes qualités de Jacques d'Avesnes, sa rare valeur, ses talens militaires lui acquirent, dès son début dans la carrière des armes, une grande renommée. Toutefois il ne put se laver du soupçon d'avoir ordonné un lâche assassinat [12], ni éviter d'en subir les désastreuses conséquences. Un prélat, du nom de Robert, promu récemment à l'évêché de Cambrai, traversant Condé pour se rendre dans sa ville épiscopale, fut assailli, quoique muni d'un sauf-conduit du comte de Hainaut, et massacré par les gens de Jacques d'Avesnes. Le comte, à qui leur maître avait déjà donné d'autres sujets de mécontentement, ravagea ses terres, prit Condé qu'il livra aux flammes, s'ouvrit à travers la haie d'Avesnes [13], une voie assez large pour que cent hommes armés pussent y passer de front, et s'approcha de la ville avec l'intention de l'emporter de vive force et d'y mettre tout à feu et à sang. Le téméraire vassal, intimidé par l'imminence du danger, s'empressa de se soumettre et de solliciter un pardon, qu'il dut moins toutefois à la plausibilité de ses excuses qu'à l'indulgence du comte.

Il eut un commandement dans toutes les guerres qui, dans ces temps malheureux, ensanglantèrent la Flandre, le Hainaut, le Brabant, le Limbourg, le Luxembourg, le comté de Namur; il remplit ces diverses contrées de l'éclat de ses victoires et des horreurs de la dévastation. S'étant ligué avec le comte de Flandre, qui l'établit chef de son conseil, l'archevêque de Cologne et le duc de la Basse-Lorraine, contre le comte de Hainaut, dont il voulait se venger, il commit d'affreux dégats dans toute l'étendue de cette dernière province, et jusque sous les murs de Mons, où Bauduin s'était enfermé. Le comte usa de représailles; les campagnes des environs d'Avesnes furent dévastées, incendiées, et la ville elle-même, malgré la garnison flamande à qui le soin de la défendre avait été confié, eût échappé difficilement aux dangers dont elle était menacée, si la paix n'avait été conclue.

Jacques d'Avesnes se distingua parmi les preux qui, devançant en Asie, Philippe-Auguste et Richard Cœur-de-Lion, allèrent grossir l'armée de Lusignan, sous les murs de Saint-Jean-d'Acre, que depuis deux ans elle tenait assiégée. Après s'être signalé dans ces contrées lointaines, par un grand nombre de nouveaux exploits, il termina sa glorieuse carrière aux champs d'Antipatride, et pour ainsi dire à la vue de la Cité sainte, en frayant par sa mort le chemin de la victoire aux Chrétiens [14].

L'aîné de ses enfans se mit en possession de ses terres. Cet arrière petit-fils de Gautier, portait le nom de son bisaïeul. Les habitans d'Avesnes lui durent leur affranchissement, et les droits de commune, qu'il leur accorda par une charte du mois de février de l'an 1200 [15]. Il assista au siège de Constantinople, par les latins, et dans le partage que les croisés firent entre eux, des provinces de l'empire, il eut l'île d'Eubée ou Négrepont. Il revint néanmoins mourir dans sa patrie.

Le frère puiné de Gautier, Bouchard d'Avesnes, épousa Marguerite de Flandre [16], et fit passer, au moyen de ce mariage, le comté de Hainaut dans sa famille, qui donna aussi des comtes à la Hollande et à la Zélande, une reine à l'Angleterre, une impératrice à l'Allemagne, à la France, une princesse dont le sang est mêlé à celui de ses rois.

Les habitans d'Avesnes tenaient, ou du moins croyaient tenir de Marguerite de Flandre, le droit de chasse et de pêche, dont ils usèrent jusqu'à la suppression générale des privilèges de ce genre. A cette grâce, elle en avait ajouté d'autres qui ne devaient pas être moins précieuses pour ceux qui les reçurent : c'était une liberté semblable à celle dont jouissaient les bourgeois de Valenciennes dans toutes ses terres, et la faculté de prendre dans la forêt de Mormal, le bois nécessaire pour la bâtisse et le chauffage [17].

Quelques semaines après la mort de cette princesse, Avesnes devint, comme beaucoup d'autres villes du Hainaut, le théâtre d'un spectacle aussi lugubre qu'étrange. Jean d'Avesnes, deuxième du nom, qui succéda à son aïeule dans la possession du comté, ayant fait exhumer le corps de son père, enseveli depuis vingt-deux ans dans la collégiale de Leuze, le fit placer sur un char avec lequel il parcourut la province : il voulut qu'on rendît partout à ces cendres les hommages dus aux souverains à leur *joyeuse entrée* [18], et les honneurs d'usage dans la célébration de leurs obsèques. Lorsque le convoi paraissait à la vue des lieux où il devait s'arrêter, le son funèbre des cloches annonçait son approche, et les habitans les plus notables, précédés de leurs magistrats [19], sortaient à sa rencontre, portant un flambeau d'une main et une épée de l'autre. La bière était déposée dans la principale église, et à l'issue du service, de bruyantes acclamations, succèdant aux accens de la douleur, devenaient le signal des réjouissances. Ces fêtes disparates se terminèrent dans l'église des frères prêcheurs de Valenciennes, où les restes du fils de Marguerite furent de nouveau rendus à la terre [20].

Gautier n'avait laissé qu'une fille qui, en épousant Hugues de Châtillon, comte de Saint-Pol, transporta la seigneurie d'Avesnes dans la maison de Châtillon. Hugues la transmit à son tour, à Jeanne sa fille, laquelle, après l'avoir portée d'abord en dot à Pierre de France, comte d'Alençon et l'un des fils de Saint-Louis, en disposa, dans son veuvage, en faveur d'un cousin germain, nommé comme son aïeul Hugues de Châtillon. Hugues eût pour successeur Guy de Châtillon, son fils, qui épousa Marguerite de Valois [21].

Suivant les lois et les mœurs du temps, Guy dut quelquefois sacrifier les affections de famille aux devoirs de la vassalité : on le comptait au nombre des ennemis de Philippe, lorsque l'armée française et l'armée anglaise, les deux plus belles qu'on eût vues en Europe, se trouvèrent en présence dans les plaines de Buronfosse. Sur le point d'en venir aux mains, elles se séparèrent sans combattre. Édouard, en se retirant, logea cette nuit même avec sa suite dans Avesnes, dont le comte de Hainaut avait donné le commandement au sire de Fauquemont [22]. Guy contribua efficacement à la trêve qui fut conclue, quelque temps après, entre le roi de France et le roi d'Angleterre.

Son fils, Louis de Châtillon, qui lui succéda, fut tué dans la trop mémorable bataille de Crécy. Louis avait trois fils, Louis, Jean et Guy, qui possédèrent successivement la terre d'Avesnes, et moururent tous trois sans postérité. Après la bataille de Rosebecq, les bandes brétones, bourguignones et savoyardes, qui s'étaient promis le pillage des villes rebelles de la Flandre, mais auxquelles cette proie échappa, voulurent s'en dédommager par celui du

Hainaut : Guy, plus connu sous le titre de comte de Blois, qu'il retint même après la vente du comté, fut assez heureux pour faire avorter ce complot. Il reçut des peuples qu'il avait ainsi préservés d'une affreuse calamité, les témoignages de la reconnaissance la plus touchante et la plus flatteuse. Une mort prématurée lui ravit le comte de Dunois, Louis, son fils unique [23]. Sa succession fut partagée entre des collatéraux, et la terre d'Avesnes échut au comte de Penthièvre, Jean de Blois ou de Bretagne, que les Anglais retinrent trente-six ans prisonnier [24].

Le duc de Brabant, Jean IV, fit occuper la ville pendant ses démêlés avec Jacqueline de Bavière, et en confia le gouvernement au sire d'Havrez [25].

Elle appartenait alors au comte Olivier de Bretagne, qui vint s'y refugier, après avoir été dépouillé de tous ses autres biens. Petit-fils de ce Charles de Blois qui, malgré les dispositions de Jean-le-Bon, la reconnaissance des états, la décision de la cour souveraine, la force des armes, la protection soutenue de Philippe de Valois, ne put se maintenir dans l'héritage de ses pères, Olivier descendait en ligne directe des ducs de Bretagne, et conservait l'espoir de recouvrer le duché, dont Jean V, de la maison de Montfort, était en possession. L'ambitieuse Marguerite de Clisson [26] n'avait rien négligé pour en inspirer le désir à ses enfans. Le comte Olivier, crut que le moyen le plus efficace pour parvenir à se rendre maître des états de Jean V, était de s'assurer d'abord de sa personne. Les troubles qui agitaient la France lui en fournirent l'occasion, et la mésintelligence qui s'était déclarée entre le Dauphin et le duc de Bretagne, un prétexte. Quoiqu'il inspirât au duc une secrète défiance, il était admis à sa cour et dans sa familiarité. Il feignit le dessein de lui donner une fête, l'attira dans un piège, et le jeta dans les fers. Tandis qu'il le traînait de forteresse en forteresse, toute la noblesse de la province, indignée d'une telle perfidie, prit les armes, investit et ruina ses châteaux, saccagea ses villes, dévasta ses terres, et le contraignit à rendre la liberté à son illustre captif. Un arrêt solennel le déclara infâme.

Proscrit et fugitif, il erra quelque temps dans le midi de la France; séjourna à Genève, passa en Suisse, et fut arrêté sur les bords du Rhin, par le marquis de Bade qui, le retenant prisonnier sous prétexte que plusieurs Badois avaient été *détroussés au pays de Hainault*, ne le relâcha qu'après en avoir reçu une énorme rançon [27]. Il ne trouva pas une entière sécurité, même au milieu de ses vassaux. Plusieurs gentilshommes bretons, envoyés par le duc avec la commission de l'enlever, avaient fait des dispositions pour le surprendre; mais leur peu de précaution les trahit; quelques-uns parvinrent à se sauver; on emprisonna les autres [28]. Le comte voulait que la main du bourreau le vengeât de l'effroi qu'ils lui avaient causé. Toutefois ceux qui n'avaient pu lui échapper, se firent réclamer par la cour suzèraine de Mons, à laquelle il dut les abandonner et qui leur rendit la liberté. Olivier s'enferma dans le château d'Avesnes, ou prit du moins la résolution de ne plus s'éloigner. Ayant perdu sa première femme, Isabeau de Bourgogne, il épousa Jeanne de Lalain. Il en eut plusieurs enfans, mais ils passèrent tous du berceau dans la tombe où lui-même il les suivit en 1533. Il fut inhumé dans le chœur de l'église paroissiale d'Avesnes [29].

Une dame pieuse et riche, Quantine de Jauche, fit construire dans la prairie qui bordait de chaque côté la rivière et s'étendait jusqu'au pied des murs de la ville, un couvent pour des cordeliers, qui en prirent possession vers le milieu du xve siècle [30]. La charité avait déjà ouvert aux mêmes lieux un azile à la vieillesse indigente [31]. Des maisons particulières bâties dans le voisinage du couvent ou de l'hospice, et dont le nombre s'accrut progressivement, formèrent bientôt un quartier nouveau.

La ville était bien peuplée; l'industrie était parvenue à s'y créer des ressources; les champs, les eaux, les forêts qui l'environnent, y entretenaient l'abondance. On y remarquait plusieurs édifices publics, des chapelles proprement décorées, de belles fontaines, une maison de paix [32]. Les maisons particulières disposées en amphithéâtre sur la pente du rocher, s'élevant les unes au-dessus des autres derrière des touffes légères de verdure; le château avec ses terrasses et ses donjons ornés de girouettes, dominant sur les alentours; des toits plus éloignés et fuyant vers l'horizon, entremêlés de cîmes d'arbres et surmontés de quelques pointes de clochers; les murailles de la ville couronnées d'un parapet et flanquées de tours crénelées; les hauteurs voisines d'un vert richement nuancé, couvertes de chaumières, d'arbres à fruits et de troupeaux de bœufs, cet ensemble offrait aux regards du voyageur surpris, un aspect pittoresque et vraiment enchanteur.

Les enfans d'Olivier de Bretagne étant morts

en bas âge, son frère Guillaume devait lui succéder ; mais Guillaume expiait dans les prisons d'Auray, les torts de sa famille et les siens propres. Il avait été le complice d'Olivier, sans pouvoir comme lui se dérober au châtiment par la fuite. On assure qu'il versa tant de larmes qu'il en perdit la vue. Il était enfermé depuis vingt-huit ans lorsqu'il recouvra la liberté. Il n'eût qu'une fille [33] qui devint dame d'Avesnes, épousa le sire d'Albret, et fut la bisaïeule de la célèbre Jeanne d'Albret, mère d'Henri IV.

Louis XI, à son avènement au trône, reçut dans Avesnes les députés des villes et des différens corps de l'état. On y célébra un service pour le repos de l'âme du feu roi [34]. Les personnages les plus distingués des deux cours de France et de Bourgogne assistèrent à cette cérémonie. Le prince, le duc de Bourgogne, le comte de Charolois, le comte d'Etampes, Jacques de Bourbon, Adolphe de Clèves, et plusieurs autres grands seigneurs, tous en noir, composaient le deuil. Quand l'office fut terminé, Louis se revêtit de la pourpre royale, et des cris d'allégresse, répétés par la foule, retentissant de toutes parts, annoncèrent à la France un nouveau règne [35]. Les fêtes durèrent plusieurs jours. Le troisième, le roi partit d'Avesnes [36], et le duc de Bourgogne en partit le lendemain. Le roi s'en rapprocha plusieurs années après, mais dans des dispositions bien différentes [37].

Le comte de Charolois, devenu duc de Bourgogne à son tour, avait été tué devant Nanci, laissant une princesse de vingt ans pour héritière de ses vastes domaines. Louis XI, après avoir annoncé hautement la prétention de réunir une partie des états de la jeune duchesse à la couronne, et de prendre la garde du reste [38], envahit les provinces limitrophes de la France. La plupart des villes du Hainaut lui ouvrirent leurs portes, mais Avesnes lui ferma les siennes.

Le sire d'Albret, qui avait pris poste à Cartignies avec deux mille hommes, tâchait d'engager par toute sorte de motifs, les bourgeois à se rendre. Il leur représentait qu'il était leur seigneur (considération peu puissante de la part d'un vassal armé lui-même contre sa dame suzéraine); que c'était son désir comme sa volonté qu'ils évitassent les calamités d'un siège, et préservassent leurs champs du fléau de la dévastation; et employant à la fois les sollicitations et les ordres, les instances et les menaces, il détermina les principaux d'entre eux, à lui adresser une députation qui obtint des conditions honorables. Le menu peuple excité par le sire de Mingoval, qui commandait dans la place au nom de Marie, murmure et se mutine. Tandis que ne sachant à quoi se résoudre, on était dans l'hésitation, trente deux hommes d'armes détachés par le sire d'Aimeries, se présentent aux portes, en criant : *Voici du renfort! vive Bourgogne!* Les bourgeois répondent par les mêmes cris, et rejetent malgré le magistrat, les articles convenus. Le sire d'Albret informé de ce qui se passe, donne ordre à sa troupe d'avancer, fait dresser une potence à la vue des habitans, et jure de punir ceux qui avaient osé refuser la capitulation. Mais tous étant restés calmes, la troupe se retira. Tandis que le roi faisait les dispositions nécessaires pour un siège, les sires de Perwez, de Culembourg et de Jauche, que la duchesse avait envoyés du Brabant, amenèrent dans la ville huit cents recrues. On y introduisit bientôt après un héraut chargé de dépêches de la part du roi pour inviter ces officiers à des pourparlers. Les bourgeois, rassemblés en tumulte, déclarent qu'ils ne souffriront pas qu'on se commette sur la foi de ce prince perfide, et défendent d'un ton menaçant au héraut de reparaître jamais avec de semblables messages, ajoutant qu'ils ne craignent ni le roi ni ses troupes. Cependant Louis XI, qui s'était approché en personne à la tête de l'armée, fit avancer l'artillerie. Plusieurs pièces de gros calibre foudroyèrent la muraille dont une partie, en s'écroulant, ouvrit un large passage. Les Français tentent de s'introduire par la brèche, et s'emparent de deux tours abandonnées à dessein; mais à peine s'y sont-ils logés qu'elles sautent dans les airs avec un fracas épouvantable, et couvrent au loin la terre de débris fumans, de cadavres mutilés, de lambeaux et de membres épars. Tel fut l'effet de l'explosion d'artifices que les assiégés avaient fait jouer à propos. Le roi ordonna incontinent la retraite. Les Français perdirent environ mille hommes dans cette attaque, qui leur eût coûté d'avantage s'il avait été possible de se mettre à leur poursuite. Mais la peur avait saisi les recrues ; deux cents vieux soldats, soutenus de la bourgeoisie, avaient résisté seuls à l'ennemi ; les autres s'étaient cachés. Le sire de Perwez parvint, à force de soins et de mouvemens, à les tirer de leurs réfuges ténébreux, à les rallier autour de leurs bannières, à les remener sur les remparts ; mais ce fut envain qu'il essaya de les encourager par des harangues, qu'il usa même envers un grand nombre d'un traitement rigoureux, la peur semblait les avoir rendus sourds et insensibles. A la veille d'une nouvelle attaque, il témoigna par un signe le désir de parlementer; les hostilités furent un instant suspendues, et le roi chargea le comte de Marissaille d'aller entendre les propositions des assiégés. Malheureusement un trait décoché du haut des murs et parti de la main d'un bourgeois, atteignit le comte de Marissaille, et le renversa dans la poussière. Le roi ordonna aussitôt l'assaut. Les Normans, qui ouvraient la marche, s'avancent pleins d'ardeur; ils arrivent précipitamment à travers une grêle de dards, de pierres, de balles; ceux-ci s'élancent sur la brèche, ceux-là tentent l'escalade. Les premiers qui se présentent sont repoussés et culbutés dans le fossé, d'autres leur succèdent et subissent le même sort. Les bourgeois et les soldats se défendaient avec une égale intrépidité. Le sire de Perwez conduisit les siens à l'endroit où le danger était le plus imminent; mais voyant qu'au lieu de combattre, la plupart jetaient leurs armes, il passa par un autre côté, suivi des sires de Jauche et de Culembourg, dans le camp du roi. Cette défection déconcerta les assiégés qui n'opposèrent plus qu'une faible résistance. Les assaillans au contraire, renforcés de troupes fraîches et remarquant que le parapet était presque entièrement dégarni, redoublèrent leurs efforts et pénétrèrent dans la ville par le boulevard de la porte d'Enghien, et par l'ouverture que le canon et le jeu des artifices avaient faite auprès de la porte Cambrésienne. Ils s'y livrèrent aux plus horribles excès ; saccagèrent, brisèrent, arrachèrent, renversèrent tout ; massacrèrent sans distinction d'âge ni de sexe, la population entière ; et lorsque la fureur eut enlevé à la lubricité ses dernières victimes, qu'il ne se trouva plus rien qui pût exciter leur convoitise, ils mirent le feu aux bâtimens. Ce qui de cette ville malheureuse ne fut pas la proie de la soldatesque devint ainsi celle des flammes. Il n'échappa que huit maisons, outre le couvent des Franciscains et l'Hospice des vieillards, et seize ou dix-sept personnes jugées riches, qu'on n'avait épargnées que dans l'espoir d'en tirer de grosses rançons. Enfin, les tours furent démolies, les murailles abattues, les fossés comblés [38].

L'honneur de cette triste conquête, entreprise et consommée vers la mi-juin 1477, demeura au comte de Dammartin.

Louis XI fit retirer l'année suivante ses troupes du Hainaut dont l'archiduc Maximilien, qui avait épousé Marie de Bourgogne, avait reconquis plusieurs places ; mais la frontière de cette province, du côté de la France, resta exposée aux incursions et au dégât, jusqu'à la conclusion du traité d'Arras.

Depuis cinq ans, Avesnes, entièrement déserte, gisait ensevelie sous ses ruines. On n'approchait qu'en frémissant d'un lieu dont l'aspect remplissait l'âme de tristesse et d'effroi. Personne n'avait encore osé remuer ces décombres ensanglantés qui recouvraient des cadavres. La paix ayant ramené des jours plus tranquilles, quelques individus sans asile vinrent en chercher un dans les ruines d'Avesnes, et se formèrent des demeures avec les débris qui s'offraient sous leurs pas. Plusieurs familles s'y réunirent ; les cordeliers se remirent en possession de leur maison ; la ville parut renaître de ses cendres, du moins une bourgade formée en peu d'années en occupa la place.

Les troupes qu'entretenait Maximilien, obligé d'être continuellement en armes, étaient en grande partie composées de stipendiaires étrangers qui, dans les intervalles de loisir que leur laissait une trêve ou la paix, dévastaient le pays qu'ils devaient défendre. Les bandes allemandes envoyées à la frontière, après la réduction de Gand à l'obéissance du prince, avaient leurs quartiers à Maubeuge et dans Avesnes : leur solde n'étant pas exactement payée, ces troupes se mutinèrent, pillèrent ici le couvent des cordeliers, là celui des sœurs grises, et chargées de butin et d'imprécations, allèrent se louer à la France.

La guerre s'était rallumée entre l'Archiduc et Charles VIII qui semblait, en succédant à Louis XI, avoir hérité de ses prétentions. Elle étendit ses ravages dans l'Artois, la Flandre, le Brabant, la Picardie, le Hainaut. Avesnes fut prise de nouveau par les Français qui y mirent encore le feu après l'avoir saccagée. Les habitans de cette ville malheureuse, dépouillés, chassés, dispersés, dans le dénûment le plus absolu, se réfugièrent dans les bois. Le traité de Senlis assura la paix aux provinces, sans rendre aux peuples la sécurité. Néanmoins les habitans d'Avesnes y rentrèrent et reconstruisirent leurs demeures. Privés des ressources qui jusqu'alors avaient entretenu l'abondance au milieu d'eux, ils s'en créèrent une nouvelle, en obtenant de la commisération de l'Archiduc l'établissement d'une foire franche. C'est celle qui se tient le mercredi d'après la Quasimodo [39].

La ville, au bout de quelques années, avait repris assez d'apparence pour faire naître parmi les bandes françaises qui rôdaient dans les alentours, la tentation de la piller. Elles s'y jetèrent un jour de fête et pénétrèrent jusque dans l'église où les habitans rassemblés assistaient à l'office ; mais tout à coup elles s'arrêtèrent comme frappées d'épouvante, se retirèrent avec précipitation, et prirent la fuite [40].

Louise d'Albret, l'une des filles d'Alain, à qui elle avait succédé dans la seigneurie d'Avesnes, avait par son mariage avec Charles de Croy, prince de Chimai, transporté cette seigneurie de la maison d'Albret dans celle de Croy [41]. Cette princesse quittait rarement Avesnes. Elle y perdit deux enfans en bas âge, et cette perte, en l'attachant par le double attrait de l'amour et de la douleur aux lieux où reposaient leurs cendres [42], contribua peut-être à l'y fixer. Elle y trouva dans les œuvres d'une dévotion expansive et bienfaisante de puissantes consolations. Elle prit des pauvres un soin particulier. Le service de l'hôpital avait été abandonné à de pieuses femmes qui, sous le nom de *Filles-Dieu*, se vouaient à la pratique des œuvres de charité; soit qu'elles fussent en trop petit nombre ou qu'un tel emploi leur convint peu, Louise d'Albret leur associa des *sœurs-grises* qu'elle fit venir de Brugelette, ensorte qu'on peut la considérer comme la fondatrice du couvent de récollectines qui se forma de cette réunion [43].

Avesnes, quoiqu'exposée tour à tour aux dévastations de l'ennemi en tems de guerre et aux déprédations des pillards dans les intervalles de paix, avait réparé ses pertes; elle était entièrement reconstruite et repeuplée lorsqu'un incendie affreux la réduisit en cendres. Les édifices publics comme les bâtimens particuliers, l'église à l'exception du chœur, la maison de paix avec les archives, tout devint la proie des flammes qui, de toutes parts, étendirent leurs ravages jusqu'aux extrémités de la ville. Malgré les ressources que le voisinage des forêts offrait aux habitans pour rétablir des édifices qu'on était dans l'usage de construire presque tout en bois, on se ressentit long-tems de ce désastre dont les hideuses traces, vingt ans après l'évènement, affligeaient encore les regards [44].

La princesse contribua vraisemblablement par ses libéralités à la réédification de l'église paroissiale. Elle la fit ériger en collégiale, sous l'invocation de Saint-Nicolas, en fondant un chapitre qu'elle dota de treize prébendes, dont la collation fut confiée au vénérable abbé de Blois et à ses successeurs [45].

Elle releva dans le même tems et dota aussi la maison des béguines. C'était un établissement pour cinq femmes veuves, ou célibataires, de mœurs pures, d'une conduite sage, d'une réputation intacte, dont la principale occupation devait être d'assister aux offices et de prier Dieu [46].

Louise d'Albret survécut peu à ces pieuses dispositions [47]. On lui dressa un mausolée dans le chœur de la collégiale qu'il décorait encore en 1793 [48].

Elle avait laissé pour héritiers Anne de Croy, sa fille unique, et son neveu, Philippe de Croy, l'époux de cette jeune princesse, qui, dès qu'il fut en possession d'Avesnes, s'occupa d'en relever les fortifications [49]. Son fils Charles de Croy lui succéda.

Le maréchal d'Annebaud, qui commandait une division de l'armée que François Ier avait amenée dans les Pays-Bas, se présenta devant Avesnes avec l'intention de la soumettre; mais, soit qu'il prévit trop de résistance, ou que des obstacles imprévus l'eussent obligé d'abandonner son projet, il se retira sans rien entreprendre.

Lorsque le prince d'Espagne eut atteint sa vingt-deuxième année, Charles-Quint, rassasié de gloire, fatigué de l'exercice de la puissance et méditant déjà sans doute le dessein qu'il exécuta quelque tems après, voulut faire inaugurer ce fils, l'objet de ses prédilections. Philippe, mandé par son père, se rendit, accompagné du cardinal de Trente, du duc d'Albe et de quelques autres, de Madrid à Bruxelles, en traversant l'Italie et l'Allemagne. Il fut accueilli partout comme devait l'être un tel personnage ; mais rien n'est comparable à la réception qu'on lui fit dans les Pays-Bas, dont toute la cour s'était portée à sa rencontre avec la reine de Hongrie et un cortège aussi brillant que nombreux. Le jeune Prince, parcourant sous la conduite de l'Empereur ces contrées florissantes, fit le 17 août 1549 sa *joyeuse entrée* dans Avesnes. Il y reçût les honneurs dûs au souverain et le présent d'usage. Il en partit le lendemain [50].

Charles de Croy, qui mourut sans enfans [51], eut pour successeur son frère, Philippe de Croy. Ce prince était à peine en possession de ses nouveaux domaines quand Henri II, étant venu camper à la tête d'une armée, à la Flamengries [52], alors le dernier village de la frontière de France, voulut faire mettre le siège devant Avesnes, et envoya des gens pour la reconnaître; mais des pluies continuelles, en brisant les chemins, les avaient rendus tellement impraticables qu'il fallut renoncer à cette entreprise. Cependant le Roi, malgré les difficultés et les dangers d'une marche à travers des bois où, à chaque pas, on pouvait tomber dans une embuscade, s'avança jusqu'à Trélon dont le château, emporté d'assaut et livré aux flammes après que la garnison en eut été passée au fil de l'épée, ne fut bientôt plus qu'un monceau de ruines fumantes. Tandis que la lueur de cet incendie répandait au loin l'épouvante et la consternation, les troupes du roi entraient dans Chimai par la brèche.

Les seigneurs d'Avesnes, depuis Louise d'Albret, avaient leur résidence habituelle dans la ville où leur présence, au milieu des officiers de leur maison, d'une garde nombreuse, de l'éclat et du luxe d'une cour, alimentait le commerce, excitait l'industrie, et répandait l'abondance.

Avesnes, comme d'autres villes de la frontière, avait un gouverneur. Cet officier y exerçait une autorité fort étendue. Cumulant les diverses attributions de commandant militaire et de chef de la justice [53], il concourait aussi aux actes de l'administration municipale.

Cette administration, composée d'un mayeur et de douze jurés, devait assurer la tranquillité publique, veiller aux intérêts communs, régler l'emploi des revenus de la ville, faire la répartition des tailles ou des subsides, et tenir sur pied une milice formée des habitans assujétis à porter les armes [54]. Elle exerçait en outre la basse et la moyenne justice dans les limites de la ville et des banlieues.

La haute justice et la poursuite des crimes étaient exercées par les officiers du seigneur. On faisait subir aux cnodamnés, selon qu'ils avaient été jugés plus ou moins coupables, le supplice du feu, de la roue, de la potence, ou la peine du fouet, de la marque et du carcan[55].

Les grands criminels étaient exécutés hors des portes de la ville [56]. Les cadavres, transportés au bord d'un chemin fréquenté, sur des fourches patibulaires, y restaient exposés à la vue des passans.

Il n'y avait en ville qu'un petit nombre de marchands : on achetait soit au marché, soit dans les halles, car il en existait plusieurs, telles que la halle au bled, la halle au *filet* [57], les choses nécessaires à la consommation journalière ; on se pourvoyait des autres en foire.

Les artisans étaient divisés en corps de métier, et chaque corps de métier formait une confrérie ayant sa chapelle, son guidon, ses statuts, ses assemblées, ses banquets [58].

Plusieurs habitans avaient des exploitations et se livraient aux travaux de l'agriculture [59], d'autres engressaient des troupeaux de bœufs, le reste de la population était composée de manouvriers et de prolétaires.

La ville possédait un collège, ou une école latine, dont l'origine n'est pas bien connue [60].

Philippe II remarqua-t-il, malgré le peu d'heures qu'il passa dans Avesnes, de quelle importance était par sa situation à l'extrême frontière, une place si avantageusement assise et si bien fortifiée, et frappé du danger de laisser cette clef des Pays-Bas à la disposition d'un vassal qui pouvait les ouvrir à l'ennemi, conçut-il dès lors le projet de se la faire céder ? On peut le conjecturer sans trop d'invraisemblance, puisqu'il n'était que depuis peu maître absolu des Bays-Bas lorsqu'il se fit mettre en possession d'Avesnes. L'acte de cession est du 22 juin 1556 [61]. A l'exception de quelques intérêts pécuniaires, Philippe de Croy ne se réserva que la faculté d'entretenir dans la ville les officiers chargés des différentes parties de l'administration du reste de ses domaines.

Les changemens qu'un tel événement devait occasionner furent d'abord peu sensibles [62].

Les fonctionnaires de tous les ordres conservèrent leurs emplois, que plusieurs d'entre eux continuèrent d'exercer au nom du roi, comme ils l'avaient fait auparavant, au nom du seigneur ; les autres habitans ne cessèrent point de se livrer à leurs occupations habituelles.

La mort en avait emporté un grand nombre avant la fin de la troisième année de cette nouvelle domination. Les prairies qui se déploient, entre le haut et le bas de la rivière, comme une immense nappe de verdure sur laquelle se dessinent les fortifications de la place, étant autrefois moins soigneusement cultivées, se convertissaient, dans les tems pluvieux, en de fangeux marais dont les émanations délétères pénétraient dans la ville, et y firent souvent éprouver les inconvéniens d'un si pernicieux voisinage. Le typhus y enleva, dans diverses conjonctures, une grande partie de la population. Il est probable qu'il y devint très-meurtrier toutes les fois qu'une cause accidentelle, une agitation violente, la mauvaise qualité des comestibles, la proximité d'une armée en développa les germes. Il y laissa, en 1558, de longs et douloureux souvenirs.

Attachée à la religion catholique et soumise au prince, Avesnes s'abstint de prendre part aux troubles qui, sous le règne de Philippe II, ensanglantèrent autour d'elle les différentes provinces des Pays-Bas ; mais sa tranquillité fut fréquemment menacée. Quoique éloignée des divers centres des opérations militaires, elle vit fondre à ses portes toutes les calamités d'une guerre d'extermination, sans pouvoir les écarter ni s'en préserver toujours. Les partis ennemis, les maladies, la disette y répandirent souvent l'alarme, le deuil et la misère. Des troupes françaises, allemandes, espagnoles, italiennes, néerlandaises, allant faire le dégât sur les terres ennemies, passaient et repassaient sous les murs et quelquefois dans l'enceinte de la ville, où elles jetaient l'épouvante et le désordre. Les campagnes, livrées au pillage et aux flammes, offraient partout des traces d'une affreuse dévastation.

La petite armée française avec laquelle le baron de Genlis s'était promis de reprendre Mons, ayant été défaite par la division de l'armée espagnole aux ordres du grand-bailli Noircarme, la plupart des vaincus restèrent sur le champ de bataille; les autres furent ou dispersés dans la campagne et massacrés par les paysans, ou faits prisonniers et répartis dans les places fortes des environs : tous subirent une mort violente. Ceux que renfermait Avesnes périrent dans des puits où leurs gardiens les précipitèrent.

Les Italiens et les Wallons qui servaient dans l'armée du duc de Parme, s'étant mutinés après la mort de ce prince, s'emparèrent de Pont-sur-Sambre, s'y fortifièrent, et se répandirent de là dans les lieux circonvoisins pour les mettre à contribution, tandis que d'un autre côté, Balagny, devenu tout puissant dans Cambrai par sa soumission au roi de France, dont il avait eu l'honneur de baiser la botte, ravageait l'Artois et le Hainaut.

Le grand bailli du Hainaut, Charles de Croy, vint à Avesnes en 1593. Il y fut accueilli par les anciens vassaux de sa famille, avec les démonstrations d'une grande joie. Ils lui donnèrent des fêtes, défrayèrent les gens de sa suite, et lui offrirent une coupe de vermeil. Sa présence excitait ce sentiment mêlé de douceur et d'amertume qu'on éprouve à la vue d'objets qui rappèlent des temps plus heureux. On n'avait que trop de sujets de regretter ces anciens seigneurs dont la domination était si douce, qui ne levaient pas d'impôts, qui se mêlaient peu des affaires de la bourgeoisie, et qui souffraient que leur garde même fut assujétie à l'octroi.

Henri IV, en déclarant la guerre aux Espagnols, avait extrêmement compliqué les embarras de leur position dans les Pays-Bas. Perdant journellement quelque place, repoussés de plusieurs provinces, odieux à celles qui étaient restées soumises, ils ne rencontraient partout que des ennemis déclarés ou prêts à se déclarer. Le duc de Bouillon entra dans le Luxembourg à la tête d'une armée française, y prit et saccagea Verton, Yvoi, Montmédi, Laferté. Le marquis de Warembon rassembla des troupes à la hâte et, pour opérer une diversion, alla ravager les frontières de la Picardie. Les Français, usant de représailles, incendièrent Avesnes. Elle était alors remplie de malades. S'élevant du sein des villes fumantes et des campagnes désolées, une affreuse épidémie s'était rapidement étendue sur les vastes contrées qui séparent le Rhin de la Seine, et semblait en menacer, bien plus redoutable que l'épée du soldat, la population toute entière, d'une destruction prochaine.

Les conférences tenues à Vervins, où la paix fut conclue en 1598, suspendirent les hostilités, et les cœurs s'ouvrirent à l'espoir d'un avenir moins malheureux.

Philippe II, que le désir d'assurer le gouvernement des Pays-Bas à sa fille, avait rendu facile sur les conditions de cette paix, ne put en signer la ratification : la mort ne lui laissa pas la consolation de connaître les heureux effets de la conduite sage et humaine d'Albert et d'Isabelle [63].

Les troubles qui, depuis la mort d'Henri IV, agitaient la cour de France, et dont l'ambition de Marie de Médicis avait été constamment la cause ou le prétexte, ayant déterminé cette princesse à quitter le royaume, elle partit furtivement de Compiègne, la nuit du 18 juillet 1631, et ne s'arrêta que dans Avesnes où le prince d'Épinoy vint la recevoir au nom de l'archiduchesse [64]. Isabelle, restée veuve, gouvernait alors seule les Pays-Bas.

Le duc d'Orléans alla rejoindre la reine mère à Bruxelles. La fuite de ces personnages, l'accueil que leur fit la gouvernante, l'asile qu'elle leur accorda devinrent l'occasion de beaucoup d'intrigues et de complots qui ne pouvaient manquer d'amener une rupture entre les deux cours [65]. Les seigneurs des Pays-Bas catholiques, qui voulaient secouer le joug des Espagnols, formèrent le projet de livrer à la France plusieurs places frontières, nommément Bouchain, le Quesnoy, Landrecies et Avesnes [66].

La guerre entre les Français et les Espagnols ne tarda pas à se rallumer. Isabelle avait eu d'abord pour adjoint ensuite pour successeur, le cardinal infant, dom Ferdinand. Ce prince allant commander l'armée que De Wert [67] et Picolomini conduisaient en Picardie, passa par Avesnes, dont les clefs lui furent solennellement présentées le 9 juillet 1636, par le *Magistrat*, à la porte du château. L'infant les remit grâcieusement entre les mains de ceux à qui la garde en avait été confiée, et le reste du jour se passa en réjouissances.

Un mois était à peine écoulé que des symptômes alarmans annoncèrent le typhus. Cette cruelle maladie qui, dans les années 1570 et 1596 avait, comme en 1558, dépeuplé la ville, fit des progrès rapides. On employa pour les arrêter un expédient étrange, mais alors généralement usité. Les maisons qui renfermaient des malades furent barricadées avec des chaînes cadenassées; des mercenaires dont les gages étaient assignés sur les fonds communs, eurent la charge de porter des alimens ou des remèdes à ceux qui pouvaient encore en user, et celle d'ensevelir les morts.

L'armée française, que commandait le cardinal de La Valette, emporta Landrecies en quatorze jours de tranchée ouverte, descendit la Sambre jusqu'à Maubeuge qu'elle soumit, et se partagea ensuite en deux divisions. L'une alla, sous la conduite du vicomte du Turenne, devenu depuis si célèbre, prendre et piller Solre-le-Château; l'autre, dirigée par le cardinal en personne, vint insulter Avesnes, dont elle fit mine de vouloir entreprendre le siège, détruisit un pont-levis établi sur l'Helpre à

Saint-Hilaire, brûla le village, et marcha vers La Capelle [68].

Prise et reprise tour-à-tour par les Espagnols sur les Français, et par les Français sur les Espagnols, la Capelle fut encore assiégée par ces derniers en 1650. Dans leur armée, que commandait l'archiduc Léopold-Guillaume, étaient deux jeunes soldats liés d'une étroite amitié. L'un d'eux est atteint d'une balle dans les fossés de la place ; l'autre accourt pour recevoir les derniers soupirs de son ami, et en le serrant dans ses bras, lui-même il expire. L'archiduc, pénétré d'admiration, les fit transporter à Avesnes, pour y être inhumés dans un même tombeau, et voulut qu'un monument digne d'un si touchant trépas en perpétuât la mémoire [69].

Foulés en tous sens par des armées les unes amies, les autres ennemies, les environs de cette dernière ville étaient exposés à de continuels ravages. La ville elle-même, souvent remplie de troupes, surchargée de logemens militaires, accablée d'impôts et de vexations, était presque toujours en alarme ; mais elle n'eut pas du moins à subir les horreurs d'un siège. Le prince de Condé et dom Juan d'Autriche y rassemblèrent, en 1656, l'armée destinée à secourir La Capelle, alors assiégée de nouveau.

La paix des Pyrénées, en 1659, amena de grands changemens dans Avesnes. Cette place ayant été comprise au nombre de celles que l'Espagne dut céder à la France [70], le commissaire des guerres Damoresan, délégué par le vicomte de Turenne, en prit possession, au nom de son souverain, le 15 de mars 1660 [71]. Le régiment de la marine, dont il s'était fait accompagner jusqu'à la distance d'une lieue, fut introduit dans la ville pour y tenir garnison. Le comte de Broglie, qui venait y remplacer le baron de Vange en qualité de gouverneur, s'y trouvait dès la veille, mais il ne s'y fit reconnaître qu'au bout de plusieurs semaines [72]. On y reçut, dans le même tems, un lieutenant de roi, et finalement la place eut un état-major complet [73].

Le *magistrat*, titre conféré au corps municipal dont les membres, administrateurs et juges tout ensemble, exerçaient en effet une double magistrature, prêta serment entre les mains du nouvel intendant du Hainaut, Talon. Les jurés [73] qui composaient ce corps furent, peu de tems après, réduits de douze à huit, sans être privés toutefois de la faculté d'élire, au scrutin secret, le mayeur, lequel pouvait, à son tour, renouveler, avec l'autorisation du gouverneur, tous les membres du corps municipal. On leur adjoignit un procureur du roi, chargé de surveiller leurs actes. Mais cet ordre de choses ne subsista pas long-tems; quelques années plus tard, le *magistrat* ne se trouvait plus composé que d'un mayeur, de quatre échevins, d'un procureur du roi, d'un *trésorier massart* [74], d'un greffier; et ses attributions avaient beaucoup moins d'étendue [75].

Le roi, par un édit du mois de novembre 1661, établit plusieurs juridictions au sein de ses nouvelles conquêtes, entre autres, un baillage à Avesnes. Bienfait inestimable ! s'il eût été possible, en créant des emplois, de créer aussi des hommes capables de les remplir [76].

La création du baillage fut suivie, quoiqu'à un long intervalle, de l'établissement d'un siège de maréchaussée, sorte de tribunal criminel institué pour juger les cas prévôtaux [77]; en sorte qu'Avesnes se trouva renfermer dans son étroite enceinte quatre différens corps de judicature : le baillage royal, le baillage de la terre ou de la seigneurie [78], la justice prévôtale, et celle des échevins qui, comme la remarque en a déjà été faite, avaient aussi des attributions judiciaires. Plusieurs seigneurs des environs conférèrent les emplois de baillis et de procureurs fiscaux de leurs domaines à des gens de loi de cette ville où, d'abord rares, ils se multiplièrent tellement qu'ils y formèrent une des

des classes les plus nombreuses de la population.

Avesnes fit d'autres acquisitions encore, et devint le chef-lieu d'une subdélégation [79]. Le service des fermes générales y concentra une multitude d'employés de tous grades [80].

Elle avait, à l'instar de la plupart des villes des Pays-Bas, ses priviléges, espèce de palladium à la conservation duquel on attachait d'autant plus d'importance qu'on en connaissait moins les avantages. Les priviléges d'Avesnes consistaient dans le droit de chasse et de pêche, et la garde des clefs de la ville [81]. Le roi les confirma, mais avec une restriction qui priva la bourgeoisie de la moitié des clefs. Elle continua néanmoins d'entretenir le guet [82].

Les hostilités venaient de recommencer. Impatient de signaler sa valeur, Louis XIV allait se mettre à la tête de ses armées dans les Pays-Bas; la Reine l'accompagnait. Mlle de Montpensier, Mme de Montespan, Mlle de La Vallière, Louvois, toute la cour était du voyage [83]. Le ministre avait règle l'ordre de la marche : on devait se rendre en une journée de Saint-Quentin à Landrecies ; mais une pluie continuelle avait tellement grossi les eaux d'une rivière qu'il fallait traverser, que le passage s'en trouva impraticable. On fit halte dans un village, et la cour la plus fastueuse de l'Europe passa la nuit dans une chaumière, entre les murailles nues de deux bouges étroits. Le Roi, la Reine, Mlle de Montpensier, Monsieur, et plusieurs autres, après avoir fait un souper *fort maigre* et *bien froid*, se couchèrent dans la même place sur des matelas *étendus à terre*. Au lever du soleil, on se hâta de gagner Landrecies. La cour s'y arrêta trois ou quatre jours [84]. Elle en partit, précédée d'un régiment de dragons, pour se rendre à Avesnes, où elle arriva le 9 juin 1667. Le *magistrat*, qui s'était avancé hors des portes au-devant du monarque, lui présenta les hommages des habitans, et le harangua. La pluie n'avait pas discontinué. Mlle de Montpensier, craignant que le comte de Lauzun ne se mouillât davantage si les dragons, qu'il commandait, étaient obligés de camper, obtint du Roi l'ordre de loger cette troupe en ville. On joua le soir chez la Reine. Le comte de Lauzun y vit Mlle de Montpensier, eut avec elle un entretien fort long [85], et, dans ses épanchemens, la petite-fille d'Henri IV ne s'oublia guère moins que lorsque « placée à table derrière Louis XIV, elle recevait dans son manchon, les billets qu'y glissait Lauzun [86]. » On sait que l'infortuné comte expia par une captivité de dix années un seul jour d'espérance.

Le lendemain, le *magistrat* présenta, dans une des salles du château, *les vins* [87] au roi; les mêmes officiers allèrent ensuite offrir à la Reine, qu'ils rencontrèrent au sortir de son appartement, un grand bassin de dragées et de confitures. La cour ne se remit en route qu'au bout de six jours, qui avaient été, selon toute apparence, autant de jours de fête; car la *gloire*, les *plaisirs*, la *grandeur*, la *galan-*

terie occupèrent les premières années du règne de Louis XIV [88], et les habitans d'Avesnes n'avaient probablement rien négligé pour rendre le séjour de leur ville agréable à leurs augustes hôtes.

Les rapides conquêtes du roi et la paix qui les suivit devinrent autant de sujets de réjouissances. Le *magistrat* donna dans l'Hôtel-de-Ville, à l'occasion de la paix, un grand repas auquel assistèrent le sergent-major, le chapitre, le bailliage, les anciens échevins, les régens du collège avec leur principal, et plus de cent autres personnes. C'est le premier festin de ce genre dont il soit fait mention dans les archives de la ville. Il avait été précédé d'un *Te Deum* et fût suivi d'un feu de joie [89]. L'air, agité par les salves d'artillerie et les décharges de mousqueterie, grondait de toute part. Deux cents bourgeois en armes garnissaient les parapets. Il se fit une distribution de vin dans chaque rue. L'allégresse était telle que six jours consécutifs se passèrent en réjouissances [90].

La place était en mauvais état, on ajouta aux fortifications un grand nombre d'ouvrages exécutés sur les dessins de Vauban. Les fossés furent élargis, garnis de demi-lunes, de contre-gardes, et bordés de chemins couverts avec de larges glacis. On établit sur la rivière une écluse d'un côté, de l'autre un fortin [91]. Avesnes avait autrefois trois portes, celle d'*Enghien*, celle des *Demoiselles* et la porte *Cambresienne*, ou de Cambrai [92]. On décora les deux premières, à l'extérieur, de façades, en pierre bleue, d'une architecture noble ; la dernière, alors déjà condamnée depuis long-temps, n'a pas été rouverte. De nouveaux ponts en maçonnerie, supportés par des arches en pierre de taille, coupés par des ponts-levis, occupèrent la place des anciens et se prolongèrent beaucoup au-delà. On construisit dans la ville des magasins, des arsenaux, des casernes, des corps-de-garde. L'usage d'employer dans ces sortes de constructions la pierre et la brique, au lieu de bois, avait déjà prévalu ; il devint général pour toute sorte d'édifices, s'étendit même aux maisons particulières, et ces bâtimens difformes, composés de grossières charpentes, d'ais noircis ou vermoulus, dont l'aspect attristait les regards, disparurent insensiblement : il ne resta de l'ancienne Avesnes que le sol, le nom et quelques souvenirs. Ces travaux occasionnèrent toutefois des pertes. On fut obligé, pour avoir du terrain, d'abattre plusieurs groupes de maisons [93]. Deux des quatre chapelles renfermées dans l'intérieur des murs, furent démolies ; sur les fondemens de l'une on érigea une boulangerie militaire qui dans la suite devint la proie des flammes ; l'emplacement de l'autre disparut dans le terre-plein des remparts : celles qu'alors on laissa debout, eurent un siècle plus tard à-peu-près la même destinée [94]. De longs tuyaux de bois amenaient autrefois de sources situées à plus d'une lieue, jusque dans la Place-d'Armes, une eau aussi fraîche, plus pure et moins crue que celle qui découle du rocher. En se renouvelant sans cesse dans le bassin disposé pour la recevoir, elle formait une fontaine vive et limpide, plus regrettable encore sous le rapport de l'utilité que sous celui de l'agrément : on coupa les tuyaux, en creusant les nouveaux fossés, et les communications entre le bassin et la source qui l'alimentait se trouvèrent irrémédiablement détruites; aucun des essais tentés jusqu'à présent, pour suppléer par des puits aux fontaines, n'a réussi [95].

Germaine de Foix avait vendu, en 1519, à Guillaume de Croy, dix-sept terres du nombre desquelles était celle d'Avesnes; toutes avaient été léguées par l'acquéreur au marquis d'Arschot et au comte de Zeuinghem : cette disposition, mal exécutée, fut l'origine d'une longue suite de procès que, ni des arrêts nombreux, ni des traités de paix, ne purent terminer, mais que trancha la conquête. Le duc d'Orléans à qui, de transmissions en transmissions, les droits des héritiers de l'un des légataires, étaient échus, se fit adjuger, en 1706, la terre d'Avesnes qui dès lors devint toute française, comme la ville, où le prince fit bâtir un hôtel pour l'usage de ses officiers [95].

Quatre grandes routes, tracées en 1725, et dont Avesnes est le centre, ouvrirent à cette ville, jusqu'alors pour ainsi dire isolée, un accès facile dans l'intérieur de la France et dans les Pays-Bas [97].

Les premières garnisons françaises avaient été logées chez les habitans à qui cette charge parut tellement insupportable, que plusieurs d'entre eux abandonnèrent leurs demeures. On reconnut enfin que des casernes étaient indispensables dans une place de guerre, et il en fut construit plusieurs corps, durant les dernières années du xviie siècle, dans le quartier alors le plus désert, quoique l'un des plus sains de la ville [98]. Le bourgeois, après trente-cinq ou quarante ans de gêne, se trouva dispensé de partager ses foyers avec le soldat; mais il fallut continuer à fournir le logement aux officiers, car ce ne fut qu'en 1738 qu'on bâtit, pour les y réunir, un hôtel où chacun d'eux eut un appartement garni [99]. Cet édifice, composé de deux vastes pavillons, séparés par une grande cour carrée, est le plus beau de ceux que renferme Avesnes.

L'Hôtel-de-Ville a été réédifié en 1757 [100].

Les agitations de 1789 furent pour Avesnes, où il se tint une assemblée de baillage, comme pour toute la France, le présage d'une destinée nouvelle. Les quarante années qui se sont écoulées depuis lors et durant lesquelles, d'abord comme chef-lieu de district, ensuite comme chef-lieu d'arrondissement, et surtout comme ville de guerre, elle éprouva tant de vicissitudes, composent la période de son existence tour-à-tour la plus florissante et la plus désastreuse, et constamment la plus féconde en événemens [101]. Le typhus la désola plusieurs fois, elle tomba à deux reprises au pouvoir de l'étranger ; détruite, en grande partie, par l'explosion d'un magasin à poudre, elle subit pendant plusieurs années le joug accablant d'une occupation militaire. Avesnes fut en juin 1815, le point de départ de l'armée et de son chef, qui se mirent en marche le 14 pour aller au devant de l'ennemi. Le 19, l'armée, dans la déroute la plus complète et la plus horrible confusion, roulant avec la rapidité d'un torrent dont les flots se précipitent, revint se rompre sous les murs d'Avesnes. Le 22, la ville, à demi ensevelie sous ses ruines, était à la merci du vainqueur [102]

NOTES.

NOTES.

1. L'ÉTYMOLOGIE du nom d'*Avesnes* n'est pas exactement connue. L'opinion la plus générale est qu'il vient des champs d'avoine, *avenœ*, dans lesquels on conjecture que les premiers fondemens de la ville ont été jetés.

Elle est située sous le 21ᵉ degré 33 minutes de longitude et le 50ᵉ degré 10 m. de latitude. L'air y est vif et sain, surtout depuis que les marais sur lesquels elle s'avance au nord, ont été convertis en prairies. Toutefois les vents contraires qui y règnent et les pluies souvent abondantes qui y tombent une partie de l'année, en rendent, par des transitions subites, l'atmosphère tour-à-tour sec et humide ; aussi, quelques précautions qu'on prenne, est-il difficile d'y échapper aux maladies de poitrine, telles que les rhumes, les catharres, les pleurésies.

Le nombre des habitans d'Avesnes est de 3,166 ; on compte 551 maisons disséminées sur un sol inégal, et généralement mal bâties. Elles étaient autrefois plus nombreuses : s'il n'y a pas d'erreur ou d'exagération dans le chiffre de Piganiol de la Force (*Description historique et géographique de la France*), et de Bruzen de la Martinière (*Grand Dictionnaire géographique, historique et critique*), la ville, au commencement du siècle dernier, avait 700 feus. Les habitations étaient alors plus étroites, on en a souvent

6.

réuni depuis plusieurs ensemble pour n'en former qu'une seule.

Avesnes avait un idiôme et une physionomie propres que lui ont insensiblement fait perdre la multitude d'étrangers incorporés dans la population, et le séjour plus ou moins prolongé d'un grand nombre de jeunes gens dans la capitale. La bonhomie caustique d'un bourgeois indigène se reflétait, s'il est permis de s'exprimer ainsi, dans son langage naïf et piquant. A travers son flegme, une teinte de rudesse et les boutades d'une franchise qui ressemblait à de la brusquerie, il laissait transpirer d'excellentes qualités, mêlées, comme dans tous les hommes, à quelques défauts. On retrouve plusieurs de ses traits dans cette ébauche empruntée à un contemporain :

Les habitans d'Avesnes, la plupart d'une complexion bilieuse, sont prompts, chatouilleux, irrascibles. Ils ont l'esprit indolent et comme engourdi jusqu'à certain âge, alors ils se développent et se montrent ingénieux, fins, habiles, propres à tout. Quoique naturellement timides, ils ne manquent à l'occasion ni de hardiesse, ni de courage. Les grands airs et les grands mots ne leur en imposent guère, toutefois ils les prodiguent quand ils veulent eux-mêmes en imposer. Leurs réparties facétieuses et presque toujours inattendues annoncent, avec une sorte d'originalité, beaucoup de justesse dans les idées. Ils raillent volontiers, et leurs railleries, pleines d'un sel mordant sous des formes mielleuses, ont toute l'acrimonie du sarcasme. Médire est une jouissance qu'ils se procurent moins par malignité que par besoin ; quoique la charité chrétienne ne soit pas la vertu dominante dans leurs cercles, ls sont officieux, compatissans, amis de l'ordre, attachés à la religion de leurs pères, dont ils observent néanmoins plus scrupuleusement les pratiques que les préceptes. L'amour du devoir n'exclut pas en eux le goût des plaisirs. Ils ont un grand attrait, les hommes pour les liqueurs enivrantes, les femmes pour la danse. D'une taille au-dessus de la moyenne, les femmes ont la peau blanche, le teint frais, les traits réguliers, de grands yeux noirs ou bleus ; mais les unes ont trop, les autres trop peu d'embonpoint. Leur maintien est grave, leur abord froid ; elles ne sont pourtant pas insensibles : leurs galanteries ont exercé, dans plus d'une conjoncture, la patience de leurs maris, la causticité de leurs voisins, la verve des chansonniers. « Ce n'est pas que je veuille, ajoute l'auteur, établir ici une règle générale, il en est dont la vertu exemplaire mérite exception. » *(Mém. mss.)*.

Croyons que cette restriction n'est qu'une épigramme ; que choqué de la légèreté de quelques femmes, l'auteur avait conçu d'injustes préventions contre toutes ; et que celles qui commandent l'estime par leur modestie, la sévérité de leurs mœurs, la décence de leur conduite, forment dans tous les tems le plus grand nombre.

Les portraits de famille, que plusieurs habitans conservent dans leurs maisons, attestent d'ailleurs que nos aïeules n'avaient pas en effet moins de charmes que leurs petites filles. Les figures de femmes qu'on remarque dans ceux des tableaux de Louis Watteau qui décorent la chapelle de la Vierge, sont celles de belles personnes de la ville que ce peintre avait prises pour modèles.

Avesnes est aujourd'hui le chef-lieu du cinquième arrondissement du département du Nord, conséquemment d'une sous-préfecture et d'un ressort judiciaire, celui du tribunal civil de première instance et de commerce, qui comprend cet arrondissement entier. Elle renferme deux justices de paix, un tribunal de simple police, une société d'agriculture, une société d'archéologie, un collège communal, deux pensionnats de demoiselles, une école d'enseignement mutuel, deux écoles primaires, une conservation des hypothèques, un bureau d'enregistrement, un bureau central de douanes, un bureau central de contributions-indirectes, des bureaux de poste, deux imprimeries, une marbrerie, des clouteries, des tanneries et plusieurs autres établissemens.

2. Wederic-le-Barbu, seigneur d'Avesnes, de Leuze et de Condé, était, suivant les conjectures les plus vraisemblables, un des descendans au quatrième degré de Wederic Lisors, à qui un comte de Hainaut, qu'on suppose être l'un des Régnier, avait donné les terres situées entre les deux Helpres. Il avait établi sa demeure aux Fayts, sur une éminence entourée de bois, près des bords de l'Helpre mineure. Les bois ont disparu, les accidens du terrain ne sont plus les mêmes, les lieux ont changé d'aspect, mais on voyait encore dans le village, il y a peu d'années, des ruines de l'ancien château des seigneurs d'Avesnes. Wederic assista, en 1066, à la dédicace de la collégiale de Saint-Pierre à Lille, et apposa comme témoin, sous le nom de Wederic de Tournai, son seing au bas de l'acte de dotation du chapitre. Il eut trois enfans : Thierri ou

Théoderic, qui lui succéda ; Gérard, qui accompagna Godefroi de Bouillon dans la première croisade, et Ida ou Ada, qui épousa Fastrade d'Oysy, avoué de Tournai. Jacques de Guise prétend qu'il mourut misérablement intestat ; mais on ignore les circonstances et la date de sa mort. Il fut enterré à Liessies. On lui reprocha d'avoir fait ouvrir le tombeau de sainte Hiltrude, d'en avoir retiré le testament de la sainte, qui était gravé sur le plomb, et de l'avoir détruit pour s'emparer des biens qu'elle avait légués au monastère de Liessies, où elle s'était vouée à la retraite.

3 Ou, comme il semble qu'on doive l'induire des expressions de Jacques de Guise, il fit reconstruire l'ancienne sur un plan plus vaste. Quelque plausibles que puissent paraître les conjectures de ceux qui considèrent le chœur de l'église actuelle comme un reste de celle de Thierri, il est néanmoins permis de douter que cette partie de l'édifice, quoique plus ancienne que les autres et d'un genre d'architecture différent, remonte à une aussi haute antiquité. On y remarque des traces de l'incendie qui a consumé la nef : plusieurs pierres du cintre qui l'en séparait sont calcinées.

4 Thierri chassa de Liessies, en 1095, les chanoines, qui en avaient pris possession, et les remplaça par des moines, auxquels il donna la terre de Féron et d'autres biens, pour les dédommager de ceux dont son père avait dépouillé le monastère. On rapporte qu'irrité des courses des chevaliers de la garnison de Maubeuge, et des brigandages qu'ils commettaient sur ses terres, il les poursuivit jusqu'à Mons, y pénétra mal-

gré une vive résistance, et réduisit en cendres l'église de Sainte - Waudru. On ajoute que sa mort, prédite par un solitaire de Brocqueroy, fut considérée comme un châtiment de cette impiété. Il fut inhumé auprès de son père, à Liessies, où sa veuve, la comtesse Ada de Roucy, qui avait déjà perdu deux autres époux, résolut d'aller finir sa vie. Il y avait anciennement des monastères doubles, ou composés de deux cloîtres, l'un pour les hommes, l'autre pour les femmes; mais d'épaisses et hautes murailles et de sévères défenses s'opposaient à toute communication entre les deux sexes. Tel fut peut-être dans l'origine celui de Liessies, où sainte Hiltrude rassembla une communauté de femmes dans le voisinage de la communauté d'hommes que saint Gonthard, son frère, y avait établie. Toutefois il ne s'y trouvait plus que des religieux lorsque Ada, toute entière à sa douleur, s'achemina vers les lieux où reposaient les cendres de Thierri, pour y passer le reste de ses jours. Elle y vécut pieusement et retirée, mais non pas en recluse, dans une maison qu'elle s'était fait bâtir et qui n'avait rien de commun avec le monastère.

5 « Thiery seigneur d'Avesnes, de Leuze et Condé
» mourut sans hoirs, et Gossuin son neveu, surnommé
» le Borgne, fils d'Ade sa sœur, et de Fastré d'Oysi,
» advoué de Tournay, luy succéda aux terres d'Aves-
» nes, Leuze et Condé; il entoura de murailles la
» ville d'Avesnes, y dressant une tour, qui a porté le
» nom de Grosse, dont le comte d'Haynau, duquel
» il estoit pair et vassal défendit la poursuite, et à son
» refus, le somma de paroistre au chasteau de Mons,

» pour en rendre raison, mais en vain ; lors le comte
» pour le ranger à son devoir, mit à la haste quelques
» troupes sur pied; Gossuin ne manqua point de luy
» venir au devant, avec les gens qu'il peut ramasser,
» et s'estans rencontrés sur la Sambre, après diverses
» saillies de deux jours, le troisième Baudouin em-
» porta le dessus, et mena Gossuin prisonnier au chas-
» teau de Mons, où pour chastiment il lui fit raser la
» barbe ; mais par après il le reçut en grace, et luy
» permit d'achever la tour selon son dessein, laquelle
» a fait depuis de la peine aux comtes d'Haynau. »
(*Annales de la province et comté d'Haynau*, etc.,
recueillies par F. Vinchant, augmentées et achevées
par A. Ruteau.)

6 Il avait embrassé la vie monastique et fut inhumé en habits religieux.

7 « Godefroi résolut de faire le siège de cette ville
» rebelle (d'*Arsur*) ; il assembla ses troupes, les con-
» duisit devant Arsur, et se mit en devoir de livrer un
» assaut à la place. Déjà les tours roulantes s'appro-
» chaient des remparts, les béliers ébranlaient les mu-
» railles, la ville allait être emportée, quand les assiégés
» employèrent un moyen de défense digne des bar-
» bares!, Gérard d'Avesnes, qui leur avait été donné en
» otage par Godefroi, fut attaché à la pointe d'un mat
» très-élevé, qu'on plaça sur la muraille même où se
» dirigeaient tous les coups des assiégeans. A la vue
» d'une mort inévitable et sans gloire, ce malheureux
» chevalier chrétien poussa des cris douloureux, et
» conjura son ami Godefroi de lui sauver la vie par

» une retraite volontaire. Ce spectacle cruel déchira
» l'ame de Godefroi, mais n'ébranla point sa fermeté
» et son courage. Comme il était assez près de Gérard
» d'Avesnes, pour se faire entendre de lui, il l'exhorta
» à mériter par sa résignation la couronne du mar-
» tyre. « Je ne peux pas vous sauver, lui dit-il; lors
» même que mon frère Eustache serait à votre place,
» je ne pourrais le délivrer de la mort. Mourez donc,
» illustre et brave chevalier, avec le courage d'un hé-
» ros chrétien ; mourez pour le salut de vos frères et
» pour la gloire de Jésus-Christ. » Ces paroles de Go-
» defroi donnèrent à Gérard d'Avesnes le courage de
» mourir ; il recommanda à ses anciens compagnons
» d'offrir au Saint-Sépulcre son cheval et ses armes,
» afin qu'on fit des prières pour le salut de son ame.
» Peu de tems après il succomba sous une grêle de
» javelots lancés par les chrétiens. » (M. Michaud,
Histoire des Croisades.)

[8] Gautier fit prendre les armes à ses vassaux pour aller saccager le monastère. Les moines, avertis de sa marche par un prévôt d'Avesnes, nommé Gossuin, et d'autres qui comme lui avaient des fils ou des neveux dans cette maison, sauvèrent ce qu'ils purent et particulièrement leurs calices, leurs livres, leurs ornemens d'église. Guillaume-le-Flament, habile calligraphe, homme de bonne mine et plein de vaillance, monta dans la tour, approvisionné de pierres, qu'il lança par les fenêtres sur les assaillans. Un des leurs eut la tête cassée ; mais en descendant précipitamment l'échelle, Guillaume-le-Flament fut renversé et reçut un coup d'épée qui le mit hors de combat. L'abbé

ayant été informé que Bauduin, le comte de Hainaut, était à Maubeuge, envoya tous les enfans admis au nombre des cénobites lui porter plainte. Comme ils arrivaient près de la ville, Bauduin qui en sortait les aperçut, descendit aussitôt de cheval et s'avança à leur rencontre. Ils l'abordèrent les yeux noyés de larmes, la voix entrecoupée de sanglots. Après les avoir écoutés, Bauduin se prit à pleurer avec eux, et s'adressant ensuite à leurs conducteurs, il leur dit que Gautier d'Avesnes lui avait fait à lui-même plusieurs dommages, et leur recommanda de planter, en cas de nouvelle insulte, sa bannière sur la tour de l'abbaye, afin que ses gens et les habitans des lieux circonvoisins, avertis par ce signal, allassent prêter secours. Il congédia ensuite cette petite troupe et la fit escorter par son prévôt. A la vue de la bannière du comte flottant au-dessus du monastère, Gautier devint furieux, fit abattre la tour, et chassa les moines.

9 Celle du lendemain de la Toussaint, en l'an 1147. Son corps fut transporté et enterré à Liessies.

10 L'aîné avait péri malheureusement. C'était un jeune homme valeureux, mais d'une insatiable avidité. Il avait épousé la sœur du comte de Hainaut, et fier de cette alliance, qu'il considérait comme une sauve-garde, il était sans cesse en course sur les terres de ses voisins, accompagné d'une troupe de brigands à qui le pillage, le viol, le meurtre, l'incendie, tous les excès étaient familiers. Il emmenait prisonniers ceux qui paraissaient avoir de l'aisance, et leur extorquait, à titre de rançon, des sommes considérables. Comme

il venait de dépasser les limites, à la tête d'une centaine de cavaliers, il se vit tout-à-coup entouré d'une multitude de gens armés, accourant de diverses embuscades, qui l'assaillirent et le tuèrent. Quelques-uns de ses compagnons regagnèrent à grand peine Liessies, avec le corps de leur chef étendu sur son cheval. On le déposa dans la sépulture de famille, où son père ne devait pas tarder à le rejoindre.

" Machtilde, fille du comte de La Roche, nièce du comte de Namur et veuve du sire de Walcourt, guerrier intrépide, selon Bauduin d'Avesnes.

Il accorda, conjointement avec sa femme Machauls (Machtilde) et son fils Jacques, une charte communale aux habitans de chacun des villages de Prisches et d'Anor. Voici le préambule de la dernière :

« Notoire chose faire volons tant au futur côme au
» présent que je Nicholles d'Avesnes sires et ma femme
» Machauls et Jacques mes fils par le conseil de toute
» ma court et commun assens des bourgeois d'Anore
» les loix suscriptes et pactions et revenus et libertés
» sans aucune moleste ou inquiétude de mes successeurs avons octroyé a ceulx memes bourgeois y être
» tenu a perpetuité, etc. »

Les dispositions de ces chartes touchant la repression des injures sont remarquables. Elles condamnaient la femme qui en avait offensé une autre par des reproches ou des épithètes que ne doivent pas mériter les personnes de leur sexe, à payer une amende, sinon à porter au cou deux pierres, dont elle ne pouvait se débarasser qu'en payant, et permettaient à l'homme paisible, injurié par un querelleur, de riposter par trois coups de poing, ou trois coups de bâton, si la personne ainsi molestée, avait au moment de l'agression un bâton dans les mains. La charte donnait même à celui qui était insulté dans ses foyers, le droit de bâtonner l'agresseur à discrétion, sans pouvoir néanmoins le tuer ni l'estropier, mais avec la faculté de le jeter dans la rue après l'avoir roué de coups.

« Li femme qui femme laidenge ara dit si li laidengié
» temoignage ara eub de deux homs ou de hom et
» de femme ou de deux femes se a clameur sera venue
» celle qui laidenge ara dit 10^s doura ou deux pierres
» qui estanlies seront dou chef de la ville a la fin a son
» col portera et les 10^s s'ils sont donnet es usage de la
» ville par les mains des bourgeois seront dependu.

» S'aucuns escheus accoutumés a aucuns homme en
» icelle ville laidenge ara dit ly homs aertés fust ne
» baston ne querra s'il ne l'a du pung icellui par trois
» fois s'il voelt frappera si aertés fust ou verge en sa
» main ara tenu icellui par trois fois s'il luy plaist en
» frappera se derechief laidenge lui dist, au juge icel-
» luy amera et de lui jussice fera se vrayment dedens
» sa maison laidenge luy dist il battera celui tant comme
» il vora sans mort et sans amission de membre, après
» s'il ly plaist iceluy en la voe geetera. »

Quelques autres dispositions attestent que la loi du talion, et celles qui ordonnaient la destruction des maisons de certains coupables, furent admises dans la législation criminelle de la contrée.

« Par quelconques manières aucuns aucun ara feru
» en telle manière que sang en ysse ou ly feru keehe
» 60^s doura 20 au feru et 40 au seigneur se vrayment
» membre ara perdu quelconques bleschure ly ara

» porté ce il soustenra, c'est assavoir œil pour œie,
» dent pour dent, mort pour mort, et dela en avant
» paix ferme et certaine soit.

» . . . .

» S'aucuns telle chose ara comis que pour par le
» lois sa maison soit abattue par le conseil dou seigneur
» ou elle sera destruite ou elle sera laissie cestechose
» a certes affin que par aucun ne puist etre enfraint
» par le position de notre seel l'avons fait confermer. »

La charte de Prisches, octroyée en l'an 1158 de l'incarnation, écrite en latin et en français, avait été déposée dans l'église, avec les autres pièces des archives, et le coffre qui les contenait, lorsque les bandes françaises surprirent le village en 1472, le saccagèrent et y mirent le feu. Tout fut détruit par le fer et par la flamme. Après le départ de l'ennemi, les habitans reconstruisirent leurs demeures et obtinrent du bailli de la terre, le bâtard de Floyon Jehan, et du prévôt Jehan-Poumon, une copie de la charte, qui avait été transcrite dans le cartulaire de la seigneurie. Mais comme le langage, dans l'espace de plus de trois siècles, avait subi de grandes variations, que peu de personnes, en 1472 entendaient celui de 1158, et que la charte étant une loi dont l'application pouvait être fréquente, il convenait qu'elle fût aisément comprise, les expressions surannées furent rendues par des équivalens plus intelligibles; en sorte que la copie délivrée par le prévôt Poumon et le bailli Jehan, n'est en effet qu'une version.

Prisches était le chef-lieu d'une juridiction particulière.

La charte d'Anor est de quelques années moins ancienne que celle de Prisches, mais le langage du tems y étant moins altéré, elle a paru devoir être citée de préférence.

12 « Mais, il se lava de l'accusation en présence de » l'archevêque de Rheims. » (D. Lelong, *Histoire ecclésiastique du diocèse de Laon.*)

13 On nomme ainsi la partie de la fagne la plus rapprochée d'Avesnes. Bordant l'horison de l'est au nord-ouest, elle semble former autour de la ville et des champs pittoresques, animés et rians qui l'en séparent, une immense clôture circulaire. De vastes portions de cette forêt ont été converties en pâturages.

14 Richard-Cœur-de-Lion, ce roi si digne d'apprécier la vaillance, a fait de lui un pompeux éloge ; les auteurs musulmans eux-mêmes vantent son courage ; les dévôts du tems l'ont mis au rang des martyrs ; ses exploits ont fourni le sujet d'un poëme, et peut-être ne lui manqua-t-il qu'un chantre tel que le Tasse pour que sa gloire égalât celle de Godefroi de Bouillon.

Il est vraisemblable que ce furent les gens dont il s'était fait accompagner qui apportèrent la lèpre dans Avesnes, où elle fit des progrès si alarmans qu'on fut obligé d'établir une maladrerie dans le voisinage. On la construisit à quelques pas des murs, dans l'endroit où est aujourd'hui la ferme qui en a conservé le nom, et auprès de laquelle on en voit encore des ruines. Le malheureux atteint de cette hideuse maladie recevait l'injonction de quitter la ville. Un prêtre, en habits sacerdotaux, l'accompagnait processionnellement jusqu'aux portes, avec les prières d'usage. Là, on le pourvoyait de cliquettes, d'un plat de bois et des autres ustensiles qu'on avait présumé pouvoir lui devenir nécessaires, et il s'acheminait tristement vers la maladrerie où sa place lui était assignée. Le soir, ses parens ou ses amis, s'il lui en restait, montaient sur les remparts et allumaient des torches de paille; il répondait à ce signal en allumant lui-même de semblables feux; privé de toute communication, il ne pouvait, jusqu'à ce qu'il fut radicalement guéri, correspondre autrement avec les personnes qui lui étaient chères.

Jacques d'Avesnes réunit les terres de Guise et de Lequielles à ses autres domaines, par son mariage avec Améline, fille unique de Burchard, seigneur de Guise.

15 L'original de cette charte, qui était en latin et en français, a disparu depuis long-tems; mais il en a été conservé un double dans les archives de la seigneurie, avec des copies, également fidèles quoique de différens âges et dans un langage plus ou moins rapproché de celui de l'original. C'est d'une de ces copies qu'a été tirée celle dont la teneur suit:

« Au nom du Pere, du Fils et du Saint-Esprit, etc.
» Sachent tous présens et advenir que nous Gauthier
» seigneur d'Avesnes par l'adveu et consentement de
» nos mere, freres, feaulx et vassaulx avons accorde
» et par ces presentes accordons aux bourgeois, manans et habitans dudit Avesnes, et a leurs hoirs et
» successeurs a toujours les institutions de la paix
» comme ci-apres appert, pourveu que lesdits bour-

» geois, manans et habitans seront tenus de payer
» chacun an au jour de Toussaint, la somme de cent
» livres monnoye de Valenchiennes, a nous et a nos
» hoirs a toujours perpetuellement les termes de cette
» paix sont commenchant au moulin de Beclerel com-
» me le rieu chiet en le Eppre, et allant par le coste
» Grisegnies a la Croix de Saincte Aldegonde et ainsi
» a la quewe de le Hayette, de la au rieu de le fon-
» taine de feu ou il chiet en le Eppre, et ainsy par sur
» le Chapelle a le moyenne de le couchie de Abives
» et de la au saertelin Marcelle, et de la au rieu d'Ave-
» nelles ou il chiet au vivier, et ne sera licite à per-
» sonne quelconque qui n'est point de la paix de de-
» mourer esdits termes de le paix, nous ordonnons
» par ces presentes que les bourgeois d'Avesnes ayent
» mayeur et jures qui se renouvellont d'an en an par
» telle condition que le seigneur d'Avesnes devra faire
» le mayeur par le conseil des jurez, et si le seigneur
» n'etait point au pays, le Prevost de la ville au nom
» du seigneur, et par le consentement des jures fera
» le mayeur, et se d'aventure le seigneur ou le pre-
» vost pour et en son nom estoient negligens de en
» dedens l'octave des Paques eslier ledit mayeur la
» puissance doit retourner aux jures, et eliront et fe-
» ront ce mayeur qui aura otelle auctorite et puissance
» et durera son an comme s'il avoit este esleu par le
» seigneur ou prevost, et devra le dit mayeur inconti-
» tinent l'election de luy faitte, assurer le seigneur et
» la ville declarant par ces presentes que le seigneur
» d'Avesnes quelconque le soit ne polra traire aulcun
» de la paix en cause ni riens clamer sur eulx, s'il ne
» peult par le tesmoing des echevins ou jures de cette

» paix prouver ce qu'il voeli demander ou aseghier,
» et si aucuns desdits de la paix enfraint ladite paix
» vers son prochain ou voisin, s'il est souffisamment
» prouve il soit contraint à l'amende selon la coutume
» de la cour de Mons en tel cas, et si aucuns des bour-
» geois que toutefois aura payez ce qu'il doit avoit
» aucuns biens en la ville ou en la terre hors des ter-
» mes de le paix s'il luy plaist aller demourer hors
» faire le peult licitement et se polra chacun desdits
» bourgeois marier ses enfans la ou il luy plaira. Si
» le prevost requiert ce a les jures de faire aucun
» amendement en la ville ou de deffendre jeu infames,
» ou que on ne vende choses deraisonnables comme
» des quartes ou semblablement que le mayeur et les
» jures en requierent le prevost ils devront d'ung
» commun accord ung ban et une amende mettre
» sur ce contraindre les deffaillans souffisament con-
» vaincus a l'accomplir, au surplus le seigneur polra
» mener les bourgeois et habitans de la ville avec luy
» quent il sera requis du comte de Haynaut de faire
» le service qu'il doit semblablement pour deffendre
» son propre heritage et aussy la terre de Guise, il
» les polra mener avec luy en ses affaires, il ne les
» peult touteffois contraindre d'aller avec luy a joustes
» ny tournoix.. et s'il advenait qu'aucuns desdits
» bourgeois et habitans fussent scemons souffisament
» par les jures pour aller au service du seigneur com-
» me dit est, et après la secmonce faitte fuissent ne-
» gligent ou refusans d'obeir il sera tenu de l'amender
» selon que en jugeront les echevins de la ville de
» Mons.

» Il est neantmoins que les prevost mayeur et jures

» polront retenir ceux qui leur plaira pour la tuition
» et deffense de la ville par telle condition que ceux
» qui demouront seront tenus de payer le taulx et
» somme a quoy les tauxeront les mayeur et jures
» pour ayder a monter et armer ceux qui yront au
» service du seigneur.

» Nous quittons par ces présentes totallement à tous
» bourgeois d'Avesnes le droit des mortemains que
» povons avoir sur eulx, et si aucun desdits bourgeois
» etoit retenu pour nos debts ou pour notre caution,
» nous promettons par ces presentes de le relever de
» tous cousts et frais les concernans pareillement de
» tous les heritages et possession qu'ils tenoient avant
» la datte de ceste presente paix, tenir et posesser
» paisiblement a toujours sauf le droit au seigneur et
» a tous ceulx qui les y ont, tellement que doresna-
» vant en notre dite terre hors de terme de la paix nul
» d'eulx n'y polra acquerir heritage quelconque sans
» notre consentement excepte que quant quelque ung
» d'eulx vorra vendre tous ses heritages enthierement
» l'autre le polra enthierement accater sans en rien
» mesprendre, nous leur accordons pareillement qu'ils
» se puissent ayder de tous les aisements de quoy ils
» s'aydoyent et qu'ils possedoient avant ceste presente
» paix. Se aucun desdits bourgeois se traict au prevost
» comme ajustice pour ce faire payer d'aulcune debte
» cogneue ou approuvee souffisament et ledit prevost
» soit negligent de luy administrer justice, le trayant
» par le moyen des mayeur et jures retournera a res-
» sort au seigneur en ly remontrant comment le pre-
» vost ara ete defaillant et se adont le seigneur ou le
» prevost a son commandement en dedans xv jours

» apres ne ly fait justice le mayeur et les jures sans
» nul fourfait contraindront le debteur et administre-
» ront justice au trayant, encore ordonnons-nous de
» rechief que les mayeur et jures ayent facent et cons-
» tituent des rewaers sur les derrees et metiers et les
» devront sermenter ausquels rewaers ceulx de la
» ville devront obeir et seront creus par leur serment
» des rapports qu'ils feront pour les deffaillans etre
» pugnis comme au cas appartiendra et se d'aventure
» aulcuns en estoit refusans lesdits mayeur et jures
» polront tant prendre de ses biens que pour satisfaire
» a l'amende ou l'apprehender et le livrer au seigneur
» lequel seigneur le detenra prisonnier jusques a ce
» qu'il aura satisfait tout au plain.

» En outre se aulcun desdits bourgeois avoit sa
» demeure en la terre dudit seigneur hors des termes
» de ceste presente paix, il y polra demourer si bon
» semble et y jouyr des privileges de ceste presente
» paix moyennant qu'il face ce a quoy seront tenus
» les habitants de ladite ville et paix.

» Avec ordonnons nous que notre hoir quelconque
» le soit sera tenu de pareillement jurer d'entretenir
» ceste presente paix avant que les bourgeois de ladite
» ville le rechoivent a seigneurie ou ly fassent aulcune
» asseurance, notre femme pareillement ou la dame
» d'Avesnes quiconque le soit sera tenu de semblable-
» ment l'entretenir et de jurer de garder s'il plaist aux
» bourgeois de ladite ville de avoir une clocque au
» son de laquelle ils facent leurs assemblées, nous
» leur en donnons l'auctorite et la puissance. Donne
» l'an de l'incarnation notre seigneur mil deux cent
» au mois de fevrier, etc.

16 Les malheurs que cette union attira sur Bouchard, ou plutôt Burchard, et les persécutions que la princesse fit essuyer à ses enfans, eurent une grande mais triste célébrité. Burchard et Marguerite habitèrent le château d'Etrœungt que leur avait cédé Gautier. C'est là que naquirent Jean d'Avesnes, premier du nom, et son frère Bauduin d'Avesnes. On doit à Bauduin d'Avesnes des généalogies raisonnées auxquelles il a donné le titre de *Chronique*, monument précieux pour l'histoire et qui se trouve au nombre des pièces dont se compose le *Spicilège* des savans bénédictins de Saint-Maur.

17 Le titre de concession, écrit sur un parchemin d'où pendait à lacs de soie rouge, un sceau en cire grise, présentant d'un côté l'effigie de Marguerite, avec la légende : *Margareta comitissa Flandriœ et Hannoniœ*, et de l'autre l'écu ou les armes de la princesse, était conçu en ces termes :

« *Nos Margareta Flandriœ et Hannoniœ comitissa, notum facimus quod hominibus villœ de Avesne, legem dedimus et libertatem Burgensium de Valencená quod erunt liberi in bonis et corpore per totam terram nostram, item piscari hamo et reti, venari pilo, plumá et armaturá et fune, et habebunt lignum in Mormal ad focum et bastimentum, quia sunt domestici fideles Comitissœ. Datum In* PETEGEM *Calendis Martii Anno MCCXLVII.* »

On le conservait avec soin dans une boîte d'argent pur, en forme de faucon, et déposée aux archives de la ville. Marguerite donna la même année un privilège peu différent aux habitans de Chimai. Une telle faveur, accordée par une princesse irritée, à deux villes du Hainaut, dans le tems même qu'elle traitait en ennemie cette province qui s'était déclarée pour les enfans de Burchard, a de quoi surprendre ; néanmoins il n'est pas impossible que Marguerite ait voulu s'attacher des sujets restés neutres, en récompensant leur indifférence comme une marque de fidélité. Peut-être est-il plus étrange qu'elle ait déclaré affranchir ainsi que d'humbles serfs de ses champs, *Villœ*, des citadins libres, et qu'au lieu de permettre aux habitans d'Avesnes, de même qu'à ceux de Chimai, de prendre du bois dans la Fagne, elle leur ait assigné la forêt de Mormal, située si loin de leurs murs. Mais ce qui semble moins vraisemblable encore, c'est que la charte et le faucon aient échappé seuls, plusieurs fois, à la destruction générale de la ville et des archives. Aussi a-t-on prétendu que cette charte n'était qu'une copie, une contrefaçon de celle que Marguerite avait octroyée, non à la ville d'Avesnes, mais à un village de ce nom dont les habitations sont aujourd'hui confondues dans celles de Marly, l'un des faubourgs de Valenciennes. Quoiqu'il en soit, la chasse dans la terre d'Avesnes était encore exclusivement affermée en 1613, au profit du seigneur. On louait la chasse aux perdrix et aux lièvres pour huit mois, la chasse aux bécasses pour l'année entière. Toutefois les bourgeois d'Avesnes chassaient et pêchaient habituellement sans être inquiétés lorsqu'ils passèrent, en 1659, sous la domination de Louis XIV. Ils obtinrent du nouveau monarque la confirmation de cette sorte de privilége, dont les propriétaires du domaine les laissèrent jouir. Les chasseurs en étaient si jaloux que plusieurs d'entre eux se livrèrent à des excès pour en assurer le maintien.

18 On désigne par ces mots, dans les Pays-Bas, la cérémonie et les fêtes de l'inauguration d'un prince.

19 C'est-à-dire, du corps des jurés ou des échevins, des officiers municipaux.

20 Malgré le silence de d'Outreman, qui a transcrit dans son histoire, l'épitaphe du comte Jean I, sans aucune mention du lieu où ce prince avait d'abord été enterré, et l'allégation de Vinchant et Rutau, qui ont supposé qu'il était mort à Valenciennes, la transation du cadavre n'est pas moins bien attestée.

21 Quelques-uns des usuriers fameux sous les noms de *Lombards*, de *Caorsins* ou de *Corsins*, et que le Dante a jugé dignes de figurer dans son *Enfer*, s'étaient réfugiés dans Avesnes. C'est du moins ce qu'il est naturel d'inférer des difficultés qui s'élevèrent en 1323, entre les *Lombards* établis en ville depuis 1315, et le corps municipal ou des jurés, au sujet d'un droit dont ces étrangers se prétendaient exempts. Guy concilia les parties.

22 Tout possesseur d'une place-forte était obligé, lorsqu'il en était requis, de la remettre temporairement au prince.

23 Cette perte était irréparable. « Celluy conte de
» Blois et Marie de Namur sa femme nestoient pas
» taillez ne pour porcionnez pour engendrer jamais.

» enfans; car par bien boire et fort mengier doulces
» et delectables viandes ilz estoient moult fort en-
» gresses : Le conte ne povoit plus chevaucher mais
» ce faisoit mener en une charrecte quant il vouloit
» aller d'ung lieu en lautre ou au desduit des chiens
» et des oyseaulx. » (Froissart, *Des Croniques de
France, Dangleterre, Descoce, Despaigne*, etc.)

24 Guy mourut en 1397, à Mons, selon Froissard;
à Avesnes, selon Mayer.

25 Jacqueline de Bavière, la plus belle, la plus spi-
rituelle et probablement la plus malheureuse personne
de son siècle, avait d'abord été mariée au dauphin,
Jean de Touraine, qui mourut empoisonné. Restée
veuve dans l'âge où le mariage devait avoir pour elle
le plus d'attrait, elle fut poussée comme malgré elle
dans les bras du débile et morose Jean IV. Des intrigues de cour mêlées à des querelles de ménage l'obli-
gèrent à s'exiler. Elle se réfugia d'abord auprès de sa
mère, au Quesnoy, passa ensuite à Londres, charma
le duc de Glocester et s'engagea dans de nouveaux
liens. Cette imprudence lui attira de grandes persécutions de la part de ses proches, qui la dépouillèrent
de ses états. Un bref de Rome ayant dissous les nœuds
qui l'attachaient au duc de Glocester, et la mort ayant
rompu les chaines qui l'asservissaient au duc de Brabant, elle abandonna clandestinement sa main à un
simple gentilhomme. Elle avait à seize ans la perspective d'un trône; elle mourut à trente-six ans, consu-
mée de regrets et dans l'obscurité d'une personne privée. Ce fut durant le séjour qu'elle fit en Angleterre

qu'Avesnes et quelques autres places voisines ouvrirent leurs portes aux Brabançons. A son retour le sire d'Havrez s'empressa d'aller lui-même la recevoir à Bouchain et se montra depuis un de ses plus zélés serviteurs.

La princesse avait des talens peu communs chez les personnes de son sexe : Elle tirait de l'arc avec beaucoup d'adresse, et fabriquait artistement des cruchons en terre cuite. Ces passe-temps charmèrent les dernières années de sa vie, dans sa retraite au château de Tehlinghen, où elle mourut de consomption, en 1436.

[26] La seconde des filles d'Olivier de Clisson, le frère d'armes de Bertrand Duguesclin et son successeur dans la charge de connétable. Jean de Bretagne, qui devait au père sa délivrance, l'avait épousée autant par reconnaissance que par amour, quoique jeune et belle.

[27] « Olivier ne sçavoit bonnement ou estre asseur
» de sa personne, car peu trouvoit qui le voulsist
» soubstenir, pour lesquels inconveniens eslongner
» se retrahit en la viconte de Lymoges, et apres aul-
» cunes conclusions prinses avec ses freres il se partit
» de la et par le pays Dauvergne s'en alla a Lyon sur
» le Rosne, et puis a Geneve et a Balle pour venir a
» sa terre Davesnes au pays de Haynault, mais ainsi
» qu'il faisoit son chemin sur la rivere du Rin il fut
» prins du marquis de Bade pour mercq, pourtant
» que ycelluy marquis avoit autreffois eu de ses gens
» destroussez audit pays du Hainault. Si fut grand

» espace prisonnier et enfin luy cousta bien trente
» mille escus d'or. » (Enguerrant de Monstrellet,
1er *vol.*, *chap.* II.)

28 « Des chevaliers d'un grand nom, Roland de
» Saint-Pol, Jean de Craon, Jacques de Tournemine,
» envoyés par les confédérés pour se saisir de sa per-
» sonne et le ramener en Bretagne, employèrent sans
» succès divers stratagèmes ; ils ne parvinrent pas
» même à lui faire mettre au cou un carcan d'or en-
» chanté, fabriqué sous une si maligne influence,
» qu'il brûlait peu à peu le malheureux qui le por-
» tait, et qu'on ne pouvait le limer, parce qu'il lan-
» çait des flammes inextinguibles..... Les partisans de
» Jean V usaient, pour le venger, de toutes les res-
» sources de la force, de la ruse et même de la su-
» perstition. » (*Histoire des Rois et des Ducs de
Bretagne*, par M. de Roujoux.)

29 Le tombeau d'Olivier de Bretagne était placé à
gauche, près de la sacristie, sous une arcade ouverte
dans le mur qui forme la séparation entre le chœur
et la chapelle de la Vierge. Il était couvert d'une
grande table d'un marbre grisâtre dont le cadre saillait
en corniche. L'épitaphe occupait le pourtour de cette
bordure. La table était chargée des figures en relief
du comte, de la comtesse et de leurs enfans, dans
l'attitude de personnes couchées. Les cendres de la
famille reposent dans un caveau pratiqué sous la chapelle.

30 En 1460, suivant D. Lelong, qui n'en attribue

apparemment la fondation au duc de Bourgogne que parce qu'elle eut lieu sous le gouvernement et avec l'autorisation de ce prince. Sous le règne de Philippe II, les cordeliers furent remplacés par des récollets. Le couvent de ces franciscains est maintenant occupé par le collège et l'école d'enseignement mutuel; et leur église qui, après leur expulsion, fut d'abord convertie en magasin de fourrage, est aujourd'hui la boulangerie militaire.

On lit dans plusieurs éditions de l'*Histoire du Parlement*, par Voltaire : « Un jacobin de la ville d'Avesnes s'était offert à le tuer, » en parlant d'Henri IV ; c'est assurément une faute d'impression, les jacobins n'ont jamais eu de maison dans cette ville.

31 L'origine de cette fondation se perd dans la nuit des temps. Les biens qui y sont affectés sont dûs en grande partie à la charité de Françoise de Brétagne, qui vivait dans la dernière moitié du xve siècle. On y réunit, lorsque la lèpre fut entièrement éteinte, ceux qui avaient appartenu à la maladrerie, à la charge toutefois de la dîme des *laisnes, aigneaux, porcelets* et *poulets* au profit de l'abbaye de Liessies. A ces dotations deux bourgeois d'Avesnes ajoutèrent, l'un, dont on regrette de ne pouvoir citer le nom, une rente de 800 francs; l'autre, Nicolas Bronguet, mort en 1666, une rente de 100 francs 10 patars. Un arrêt de la chambre royale, du 28 mars 1678, transféra la maladrerie avec *les héritages et lieux en dépendans*, à l'ordre de Notre-Dame de Mont-Carmel et de saint Lazare de Jérusalem ; mais l'administration de l'hospice en obtint la restitution en vertu d'un arrêt du

conseil du 5 mars 1679. Douze vieillards, six de chaque sexe, devaient être logés, nourris et chauffés dans cette maison. Le nombre en a depuis été porté jusqu'au double. L'édifice, où ils n'ont plus qu'un quartier, a été construit pièce à pièce, en différens âges, sur un sol irrégulièrement découpé. Il ne reste des bâtimens les plus anciens qu'un seul corps, dont les parties les plus remarquables consistent dans une vaste salle et la chapelle, qui sont contigues, et entre lesquelles régnait un long vitrage condamné depuis peu. La salle, sombre et humide, servit long-temps de dortoir, et le froid s'y fit quelquefois tellement ressentir que plusieurs vieillards en moururent. L'hôpital militaire, élevé sur les ruines des pièces qui selon toute apparence en avaient auparavant tenu lieu, devint bientôt la division la plus considérable de l'établissement. Les malades occupaient encore en 1790, deux corps de bâtimens parallèles bordant de chaque côté la rivière, et joints par un pont de bois. Celui de la gauche ayant été abandonné par suite de l'éloignement des armées et d'un changement de système dans le traitement des maladies, tomba de vétusté. En 1780, l'administration fit bâtir au fond de la petite place qui alors séparait l'hospice du couvent des récollectines, une sorte de pavillon, incorporé au premier de ces édifices, et dans lequel on ménagea un réfectoire et des dortoirs pour les vieillards, un appartement pour le directeur et une salle d'assemblée.

Un greffier de la prévôté de Prisches, nommé Godefroy, avait, au commencement du siècle dernier, fait donation à la ville d'une tannerie et d'un jardin situés *près la rivière, au lieu anciennement appelé la Fosse-aux-Poissons*, tenant *au wetz de la Petite-Fontaine, autrement dit la fontaine Rasson*, afin qu'on y établît un refuge pour les mendians et les malheureux sans asile. Le local, qui ne s'ouvrit qu'en 1725, était déjà refermé en 1733. On l'abandonna d'abord à l'économe chargé de la lingerie, pour y lessiver le linge à l'usage des malades; ensuite aux entrepreneurs des lits militaires pour y disposer les literies des troupes de la garnison. Devenu depuis long-tems une propriété privée, il se trouve confondu dans les dépendances d'une maison de la rue des Prés.

L'hospice est aujourd'hui sous la direction des dames de Sainte-Thérèse.

³² Une maison commune, un Hôtel-de-Ville. La substitution du nom de *paix* à celui de *commune* ne s'explique guère que par l'éloignement qu'inspirait ce dernier, et telle est en effet l'explication qu'en donne M. Augustin Thierry, au sujet de la charte par laquelle Louis VI ratifia l'institution de la commune de Laon. « Une particularité remarquable, c'est qu'on
» évita avec soin d'écrire dans cette charte le nom
» de *commune*, et que ce mot devenu trop offensif,
» à cause des derniers événemens, fut remplacé par
» ceux d'établissement de paix : *institutio pacis*. Les
» bornes territoriales de la commune furent appelées
» *bornes de la paix*. » (*Lettres sur l'Histoire de France*.) « La même chose arriva pour la commune
» de Cambray, détruite en l'année 1180, par l'empe-
» reur Frédérik, elle obtint, à prix d'argent, son
» rétablissement sous le nom de *paix*, parce que, dit

» un auteur contemporain, le nom de commune fut
» toujours abominable... *quod semper abominabile*
» *extitit*. [Même ouvrage.] Cette acception d'abord
toute particulière du mot de paix parait s'être ensuite
généralisée.

33 Françoise de Bretagne, comtesse de Périgord,
vicomtesse de Limoges, mariée en 1470, à Alain,
comte d'Albret.

34 « Le Dauphin était dans sa retraite de Génape,
» lorsqu'un courrier, marchant avec une extrême cé-
» lérité, lui apporta la nouvelle de son élévation au
» trône. C'était le 23 juillet 1461, le lendemain du
» décès du Roi. Louis manda au duc de Bourgogne de
» venir le trouver dans la petite ville d'Avesnes. Pour
» lui, il se rendit d'abord à Maubeuge sur la Sambre,
» ordonna aux gouverneurs des provinces de prendre
» en son nom le serment de fidélité des habitans, et
» mit une taxe générale sur les provinces du royaume.
» Enfin, il se dirigea sur Avesnes pour y joindre le
» duc de Bourgogne, Philippe-le-Bon. Ce duc, tou-
» jours fastueux et avide de montrer sa puissance,
» avait convoqué le ban, l'arrière-ban et toute la no-
» blesse de ses états.—Cependant les princes, les mi-
» nistres, les courtisans, les députés des villes et des
» parlemens, le chancelier Juvenal des Ursins arri-
» vaient successivement se ranger auprès du roi, l'as-
» surer de leur foi et lui offrir leur zèle.—On célébra
» dans Avesnes un service solennel pour l'ame du feu
» roi. » (*Hist. de Louis XI*, par Charles Liskenne.)
» Aussitôt après que le roi fut mort, le comte du

» Maine envoya des messagers au Dauphin, qui était
» toujours à Genape. Le nouveau roi fit sur le champ
» signifier cette nouvelle au duc de Bourgogne, qui
» en avait été instruit de son côté; il lui fit savoir
» qu'il commencerait par aller à Rheims pour le sacre
» et l'engagea à l'y accompagner. Le Duc manda sur
» le champ à tous les nobles de ses états de se trouver
» en armes avec leurs gens, le 3 août à Saint-Quentin.
» Le roi Louis ne savait pas encore quel accueil il
» trouverait en France, et s'il ne s'éléverait point quel-
» que faction contre lui. Mais cette crainte ne dura
» guère. Il s'était rendu à Avesnes, en passant par
» Maubeuge et par toutes les petites villes de ce pays,
» où il y en a pourtant de belles et grandes. Chaque
» jour et à chaque heure arrivaient des princes, des
» chevaliers, des députés des bonnes villes pour le
» reconnaître et l'assurer de leur obéissance. Les ca-
» pitaines des compagnies lui amenèrent aussi leurs
» gens d'armes. Il écrivit alors au Duc qu'il n'était
» point nécessaire de venir avec une si grande armée.
» Néanmoins tous les grands seigneurs de Bourgogne,
» de Flandre, de Hainaut, d'Artois, furent invités à
» se trouver au sacre avec leur train accoutumé. Les
» gentilshommes s'étaient déjà mis en grands frais
» pour s'armer et s'équiper; ce leur fut un grand
» dépit que cette dépense inutile, dont ils avaient
» bien compté se récupérer dans le pays où ils au-
» raient été conduits.—A Avesnes, le roi Louis fit
» célébrer un service funèbre pour son père. » (M. de
» Barante, *Histoire des ducs de Bourgogne, de la*
» *maison de Valois, etc.*)

» Assestost après que le duc Philippe de Bourgogne

» fust adverti de la mort du roy de Franche Charles,
» se partist de Hesdin, et au jour déterminé entre le
» roy Loys et ledit duc, il se trouva en Avesnes en
» Haynault devers ledit Loys. Auquel lieu d'Avesnes
» fust fait le serviche dudit roy Charles moult hono-
» rablement, et furent dites les vigilles le dimanche
» deuxiesme jour d'aoust, et le lendemain la messe,
» et y olt moult grands luminaires, comme en tel cas
» appartient. » (*Mémoires de* Jacques Duclercq.)

35 » Et fust audit serviche le nouvel roy, vestu en
» deuil tout de noir, et le menoit le seigneur de Mon-
» tauban. Après ledit roy alloit le duc de Bourgogne,
» vestu en deuil pareillement, et le menoit le seigneur
» de Croy. Après lequel duc, allait le comte de Cha-
» rollois, fils dudit duc, vestu en deuil comme les
» autres, et le menoit le seigneur de Contay. Après
» alloient le comte d'Estampes; Jacques, frère du duc
» de Bourbon, Adolphe de Clefves, et plusieurs autres
» grands seigneurs, et prestement la messe du serviche
» dite et le disner fait, ledit roy Loys se vestit de
» pourpre et s'en alla à la chasse. Et est la manière
» que sitost qu'un roy de Franche est mort, son fils
» aisné, ou son plus prochain, est roy, et n'est point
» le royaume sans roy; et pour ceste cause le nouvel
» roy ne porte de deuil, ains se veste de pourpre ou
» de rouge, en signifiant qu'il y a roy en Franche. »
(J. Duclercq.)

» Selon l'usage, il (le roi) ne porta le deuil en noir
» que pour cette cérémonie (celle du service funèbre).
» Dès qu'il en fut revenu, il s'habilla en pourpre vio-
» lette ; car, en France, pour montrer que le roi ne

» meurt jamais, son successeur prend pour deuil une
» couleur royale. Le duc Philippe, le comte de Cha-
» rolais, le comte d'Etampes, Adolphe de Clèves et
» toute la cour de Bourgogne assistaient en grand
» deuil à ce service. Ils dînèrent ensuite avec le roi,
» puis il alla à la chasse...
» A peine Charles VII fut-il mort, que ceux qui
» avaient eu toute sa confiance dans les dernières an-
» nées de son règne, se regardèrent comme perdus.
» Nul n'avait plus à redouter du nouveau roi que le
» comte de Dammartin. Il songea tout de suite à quitter
» le royaume, et assembla ses gens et ses serviteurs
» pour leur demander s'il pouvait compter sur eux;
» tous lui devaient leurs biens et leurs honneurs. Il
» n'en trouva pas un ni dans sa maison, ni dans sa
» compagnie de cent hommes d'armes qui voulût le
» suivre, ni se mettre en péril pour lui. Son valet de
» chambre lui refusa même de lui prêter son cheval.
» Cependant un gentilhomme de ses serviteurs, nom-
» mé Voyant, qui ne s'était point trouvé avec les au-
» tres, parce qu'il était allé voir la salle où gisait le
» corps du roi mort la veille, sâchant son maître
» dans cette nécessité, l'alla chercher en sa chambre.
» Le comte de Dammartin était à genoux devant un
» banc, et disait ses vigiles en pleurant. Quand il eut
» fini; « Voyant, dit il, je vous ai nourri dès votre
» jeunesse, vous êtes mon vassal. N'êtes-vous pas ré-
» solu de me servir comme au temps passé? »—« Oui,
» monseigneur, jusqu'à la mort. » Le comte alors
» écrivit des lettres pour le duc de Bourgogne, pour
» le sire de Montauban, pour Joachim Rohaut et Bo-
» niface Valperga, ses compagnons de guerre et ses

» amis, qui étaient allés des premiers, comme il le
» savait, offrir leur obéissance au nouveau roi. Il les
» conjurait de faire pour lui un accommodement aussi
» bien qu'il serait possible. Voyant fut chargé de s'en
» aller directement remettre ces lettres. Il arriva à
» Avesnes. Le premier des anciens amis de son maître
» qu'il aperçut, fut l'amiral. Il prit bien garde de
» n'être point vu, et lui remit les lettres. Dès que le
» sire de Montauban eut vu la signature, il regarda
» s'il n'avait pas autour de lui quelqu'un de ses gens
» pour faire saisir Voyant. « Ah! je te ferai jeter à
» la rivière, » s'écria-t-il. Puis, avisant un chevalier
» flamand qui s'en venait dîner avec lui, il lui dit :
« Tenez-moi cet homme, que j'aille chercher un de
» mes gens pour le mener en prison. » Le Flamand,
» quand il sut de quoi il s'agissait, retint le sire de
» Montauban par le bras : « Monsieur, dit-il, que
» voulez-vous faire? Le roi vient de vous donner l'of-
» fice d'amiral, montrez que vous en êtes digne par
» votre sagesse; faites-vous honneur et n'écoutez point
» votre colère. Le comte de Dammartin vous a rendu
» de bons offices du temps du feu roi. Songez que si
» vous requeriiez un ancien ami de quelque service,
» et qu'il vous repoussât, vous ne seriez pas joyeux. »
» L'amiral se calma un peu : « Dites à votre maître,
» dit-il, que si le roi le tenait, il lui ferait manger le
» cœur par ses chiens; et vous, si vous êtes encore
» ici à sept heures, je vous ferai noyer. » Voyant n'eut
» pas meilleur accueil du sire Valperga, qui voulait
» aussi lui faire un mauvais parti. Il ne savait que
» devenir lorsqu'il rencontra un clerc de maître Jean
» de Reilhac, secrétaire du feu roi, qui venait de

» passer au service du roi Louis. Ce clerc le connais-
» sait, et l'emmena souper, puis le présenta à maître
» Reilhac. Celui-ci le reçut doucement, et après lui
» avoir fait prêter serment de dire la vérité : « Où est
» votre maître à présent » dit-il.— « Je l'ai laissé bien
» triste à Mehun-sur-Yèvres, » répondit le serviteur.—
« Il est bien vrai, continua maître Reilhac, que le roi
» est dans une extrême fureur contre lui ; mais n'êtes-
» vous point chargé de quelques lettres pour prier ses
» amis de faire sa paix? » Alors Voyant raconta com-
» ment il avait été reçu des anciens amis du comte.
« Donne-moi ce sac, » dit alors Reilhac à un de ses
» clercs, puis il en tira les demandes du sire Sallazar,
» du sire Dullau et d'autres qui sollicitaient déjà la
» confiscation du comte de Dammartin. « Allez har-
» diment le retrouver, ajouta-t-il, recommandez-
» moi à lui ; je lui ai plus d'obligations qu'à personne
» au monde, et je lui ferai volontiers tous les plaisirs
» que je pourrai ; dites-lui de ne pas s'inquiéter, de
» songer seulement à la sûreté de sa personne, que
» dans peu de temps tout s'arrangera et qu'on le rap-
» pelera. » Le maréchal Joachim Rohaut était à sa
» fenêtre avec Sallazar et le comte de Comminges,
» quand il vit passer Voyant dans la rue. Il l'envoya
» avertir de ne se point montrer et de le venir voir en
» secret. Quand il eut ouvert la lettre du sire de Dam-
» martin, les larmes lui vinrent aux yeux. » (M. de
Barante.) Rohaut chargea d'une réponse, non sans
quelque hésitation, Voyant, qui alla rejoindre son
maître.

36 » Le lendemain du serviche qui fut le quatriesme

» jour d'aoust, le roy Loys partit d'Avesnes, pourtant
» qu'il y avoit trop peu de places ; car touts les jours
» venoient de tous lez vers lui, et à peine pooit-on
» avoir place pour loger à quatre ou cinq lieues près
» dudit Avesnes, et s'en alla vers Raims, et passa par
» le pays de Tierarche ; et le cinquiesme jour du mois
» d'aoust le duc se partist, et s'en alla à Saint-Quen-
» tin en Vermandois, auquel lieu il debvoit trouver
» les nobles de ses pays. — Le roy Loys et ledit Duc
» avoient prins jour d'eux trouver ensemble en la ville
» de Laon pour aller à Raims sacrer ledit roy Loys. »
(Jacques Duclercq.)

[37] Il avait déjà voulu la faire assiéger en 1475. « Le
» connétable vivoit en grand travail : car le roy le sol-
» licitoit, par plusieurs messagers, qu'il se mit aux
» champs, pour le servir du costé de Hainaut : et qu'il
» mit le siége devant Avesnes, à l'heure que monsei-
» gneur l'admiral, et cette autre bande, allèrent brus-
» ler en Artois, comme j'ay dit : ce qu'il fit en grande
» crainte : car il craignoit fort. Il fut devant peu de
» jours, faisant faire grand guet sur sa personne, puis
» se retira en ses places, et manda au roy (et ouis
» moy mesme son homme par le commandement du
» roy) qu'il s'estoit levé, parce qu'il estoit certaine-
» ment informé qu'il y avoit deux hommes en l'armée,
» qui avoient pris charge du roy de le tuer : et dit tant
» d'enseignes apparentes, qu'il ne s'en faloit gueres
» qu'il ne fust cru. » (*Mémoires de* Philippe de
Comines.)

[38] » Le roi tourna alors ses forces contre Avesnes.

» Le comte de Dammartin en avait déjà commencé
« le siège. Il avait avec lui Alain sire d'Albret, qui
» était seigneur d'Avesnes, mais que le duc Charles
» avait toujours troublé dans sa possession. Le roi l'a-
» vait envoyé là pour faire rendre la ville, mais ne
» tarda pas à perdre patience, lorsqu'il vit qu'elle
» n'ouvrait pas sur le champ ses portes. « M. d'Albret,
» écrivait-il au grand-maître, dissimulera tant qu'il
» voudra de prendre Avesnes ; il semble qu'il le fasse
» pour épargner la place ; mais je vous assure que s'il
» attend que je m'en approche, je la lui chaufferai si
» bien d'un bout à l'autre, qu'il n'y faudra point re-
» venir, et adieu, faites-moi savoir souvent de vos
» nouvelles. » Quelle que fût la méfiance du roi, ce
» n'était nullement la faute de M. d'Albret. » (M. de
Barante.)

» Alain d'Albrecht, comte de Peregort, seigneur de
» Roye et d'Avesnes, disoit que sa terre d'Avesnes
» avoit esté long-temps foullée du duc de Bourgogne,
» et doutoit que, se elle ne se tournoit du parti du
» roy, le roy la destruiroit, dont il seroit fort desplai-
» sant ; et à ceste cause ledit seigneur fist diligence de
» allécier et reduire par beau parler a traicté amyable,
» ceux d'Avesnes. Icellui seigneur d'Albrecht, estant
» assez près d'illec, à un villaige nommé Quartignies,
» avec le grant-maistre de France, le prévost de Paris
» et autres, accompagnés de deux mille hommes,
» manda ceux de la ville, et leur envoya sauf-conduit
» pour venir gracieusement parler à lui, afin que sa
» terre fust préservée des inconveniens qui estoient
» apparents. Les manans et habitans s'assemblèrent au
» son de la cloche, et délibérèrent d'envoyer vers leur

» seigneur naturel, le prevost, le mayeur, l'argentier,
» le clerck et autres, jusques à douze, pour avoir ap-
» poinctement, auquel le commun se vouloit enuis
» assentir. Et quant ils furent devant la personne de
» leur seigneur, accompagné des capitaines dessus
» dicts, il requist d'avoir sa ville d'Avesnes en ses
» mains, pour la garantir et deffendre. Ceux qui vou-
» droient vider, faire le pouvoient. Et se faisait fort
» que le roy leur pardonneroit toutes injures, op-
» probres et malveillance faictes et proférées contre
» la personne du dict roy, par tel si que ses armes
» seroient mises aux portes de la ville, avec plusieurs
» articles contenus audict traicté, qui longs seroient
» à réciter. Et fut l'accord escript et scellé du grant-
» maître de France, du prévost de Paris et du sei-
» gneur d'Albrecht. Puis retournerent à Avesnes les
» députés, faisant ostentation dudict appointement,
» dont la communauté fut horriblement desplaisante.
» — Le seigneur de Mingoval, qui lors estoit capitaine
» dela ville voyant Avesnes en branle d'estre perdue,
» leur fist plusieurs remontrances. Pendant ceste va-
» riation, le messager du seigneur d'Aymeries, nommé
» Archon, entra en la ville avec trente-deux Bourgui-
» gnons, criant à pleine voix : « Secours, secours!
» vive Bourgogne! » A la voix dudit Archon la com-
» munauté réveillée, à qui l'appoinctement estoit des-
» plaisant, et ceux estoient étonnés qui le pourchas
» faict en avoient; par quoi l'accord fut rompu avant
» qu'il fust scellé, par lequel le seigneur de Mingoval
» se debvoit partir, son corps, ses biens et ses gens
» saulfs; et par ainsi Avesnes qui estoit en train de
» porter la croix droicte, pour estre françoise, reprint

» la croix Sainct-Andrieu ; se devint bourguignone
» comme dessus. — Ces nouvelles vindrent à la cog-
» noissance du seigneur d'Albrecht et des capitaines
» de France qui le traicté avoient scellé esperans que
» ceux de la ville feroient pareil debvoir. Le seigneur
» fort marry et plein de grant courroux, fit approcher
» son armée à un quart de lieue prés d'Avesnes, fit
» dresser une eschelle à la justice, pour monstrer signe
» de pendre aulcuns des ambassadeurs ou hostagiers
» de la ville, qu'il avoit vers soi ; et manda à ceux
» d'Avesnes que s'ils ne tenoient l'appoinctement, tel
» qu'ils l'avoient consenti et proumis de sceller, il fe-
» roit pendre leurs députés ou trancher les testes sur
» le bord des fossés. A quoi ceux de la ville respon-
» dirent que s'ils avoient chacun cent testes, si ne se
» rendroient-ils point ; et à tant se retira ledit sei-
» gneur, ensemble l'armée françoise. — Environ le
mois de juing, le roy partant de Vervins, descendit
à puissance à la comté de Haynault, par l'incita-
tion du seigneur d'Albrecht, afin d'assiéger Avesnes.
Ceste descente venue aux oreilles du conseil de madamoiselle de Bourgogne, fille héritière du duc
Charles, une partie de la noblesse de Brabant fut
députée pour entrer en ladite ville, pour attendre
le siège, se le roy estoit conseillé de lui mettre ; et
se préparerent à leurs défenses pour résister à tous
assaults, le seigneur de Peruez, principal capitaine,
le seigneur de Culembourg et aultres barons, chevaliers et gentilshommes, jusqu'au nombre de vingt-
deux, accompagnés de gens de guerre, des manans
de la ville et des paysans jusques au nombre de sept
cents combattans. — Par un mardi, nuict de

9.

» sainct Barnabé, le roy estant à Estroes, ensemble le
» seigneur d'Albrecht, avironnés de grande armée,
» furnie de serpentines, bombardelles, courteaux et
» autres artilleries, envoya son hérault au seigneur de
» Peruez et de Culembourg, pour venir devers lui
» avec trois ou quatre Bourguignons des plus notables
» de la ville, afin de parlementer et traictier de la red-
» dition d'icelle ; et portoit ledit hérault saulf-conduit
» suffisant pour les amener. Le seigneur de Peruez fit
» assembler, au son de la cloche, les manans d'Aves-
» nes, et leur récita la voulonté du roy, comme dessus
» est dit, quérant l'advis d'un chascun pour sçavoir
» quelle chose il seroit bon de faire, et qu'il vouloit
» vivre et mourir avec eux. La communauté respondit
» par une seule voix pour toute résolution : que nulle-
» ment ne desiroit de parlementer au roy, ains tenir
» voloit la ville pour et au nom de Madamoiselle ; et
» fut renvoyé ledit hérault sans ouvrir ne ouyr son
» saulf-conduit ; et qui plus est, il lui fut dict : que
» plus ne s'empeschast de venir vers eux, ne d'ap-
» porter quelque lettre, car ils se sentoient forts assez
» pour garder la ville, se le roy les vouloit oultrager.
» Le roy entendant ceste dure responce, selon son
» conseil, délibéra assiéger Avesnes, fit affuter ses en-
» gins, et commença à battre la muraille, entre la
» porte Cambrésienne et la poterne des Chauffours ;
» et pour ce que ladite muraille estoit de fortes et
» dures pierres, et leurs engins par trop petits, ils ne
» la dommageront guaires. Nonobstant, ils continue-
» rent leur batterie nuict et jour, depuis six heures
» au disner, jusques à l'assaillir. Et se porterent les
» François tant vaillamment à cest assault, qu'ils gai-

» gnerent deux tours, où ils entrerent pour y bouter
» leurs estendards. Mais les assiégés avoient garni icelles
» tours de secs fagots, pouldre de canon et aultres
» matières combustibles, et tost emprins et allumés,
» tellement que lesdits François en furent déboutés ;
» l'un de leurs étendards y fut bruslé, ensemble as-
» saillans estoient en fumée. Ils y perdirent de leurs
» francs archers, que eschaudés, que bruslés, le
» nombre de huit à dix cents, dont plusieurs d'iceulx
» tresbucherent de mont à val les fossés. Le roy voyant
» ceste grosse perte, fit sonner la retraite par deux
» fois ; et combien que les assaults fussent aspres et
» merveilleux, et que de huit cents combattans qui
» estoient dans la ville, où l'on esperoit faire les choses
» de l'aultre monde, l'on n'en voyoit que deux cents
» seulement qui soustenoient tout le faict, la pluspart
» des Brabanchons se tenoient pour le traict es boves,
» celliers et maisons trouées, sans aller à la muraille.
» Ceste manière de faire fut remonstrée à monseigneur
» de Peruez, principal capitaine de la garnison, avec
» le petit debvoir que firent ses gens, tellement que
» par grosses prieres, fut contrainct d'aller aux dé-
» fenses pour donner couraige aux assiégés. Mais si
» tost qu'il se trouva illec, il leva la main pour par-
» lementer, et le roy ordonna un gentilhomme, nom-
» mé Jehan Marissal, capitaine de cent lances, pour
» ouyr ce qu'il voudroit dire. Si fut abstinence de
» traict d'un parti et d'autre durant ce parlement, qui
» guères ne dura ; car nonobstant ceste abstinence,
» l'un de ceux de la ville navra à mort d'un vireton
» ledit Jehan Marissal. Ce voyant le seigneur de Peruez,
» comme fort aygré, se print à furier, disant ainsi :

« Les vilains ne veulent cesser leur traict, tandis que
» je parlemente; mais je ferai mon appoinctement sans
» eux. »—Le roy, moult courroucié et perturbé de son
» homme navré à mort par ceux de la ville, fit dere-
» chef donner l'assault à tous costés par les nobles de
» Normandie. Les manans et paysans d'Avesnes se
» porterent honorablement; mais quant le seigneur de
» Peruez, qui chassoit ses Brabançons à la muraille,
» aperceut son coup, il descendit un bolluvert de la
» porte Cambresienne, ensemble les seigneurs de Cu-
» lembourg et de Gaches, et firent aller les aultres au
» quartier le plus dangereux; et de là saulterent oul-
» tre lesdits seigneurs, et se rendirent François, ha-
» bandonnant le remanant. Cela faict, les deffendans
» se trouverent fort ébahis, et furent plus que à demi
» hors de voulonté de bien besongner, par avoir le
» cueur failli. Et d'aultre part les François se parfor-
» çoient de poursuivir leur bonne fortune, et entre-
» rent par les moynnels que eux-mêmes avoient battus
» auprès de la tour bruslée et par le bolluvert de la
» porte d'Enghien, où n'y avoit guères de résistance.
» Si disoient les François aux Bourguignons : « Ouvrez-
» nous vos portes; vos capitaines, les seigneurs de
» Peruez et de Culembourg, ont fait vostre appoinc-
» tement; ils sont en nos tentes; par quoi, se ne les
» ouvrez par amour, vous les ouvrirez par force. » —
» Aulcuns de la ville ignorans le traffique de l'appoinc-
» tement, ensemble le despoinctement du seigneur de
» Peruez, plains d'espantement, se combattoient aux
» ennemis sur les terres des murailles en plusieurs
» quartiers, quand les François estoient en la ville.
» Les premiers entrans furent des hommes d'armes;

» puis les archers des ordonnances, qui, sans faire
» grand desroy, saisirent les bons prisonniers; et con-
» sequemment entrerent les francs-archiers, qui, sans
» pitié et miséricorde, mirent tout à l'espée, jeune et
» vieux, de quelque sexe ou estat qu'il fusist. Bref,
» toutes inhumanités ou tyrannie que l'on pourroit
» penser ou dire furent illec commises par les mains
» des inicques bouchiers françois, que l'on dit très-
» chrétiens. Et pour ce qu'ils estoient affectés à or et
» argent, ils trouverent un enfant en fascettes, lequel
» ils tollirent des bras de sa mère; puis le desfacerent,
» cuidans trouver or et argent es drapeaux d'icellui,
» ce que point ne firent; dont par despit et courage
» très-dépravé et desordonné, le destrancherent de
» leurs espées en plusieurs pièces, en présence de sa
» mère. — Un aultre petit enfant, estant au berceau,
» assomerent d'un maillet de plomb, pareillement sa
» mère présente. Brabanchons voyans ce terrible et
» criminel oultrage, afin d'avoir merci, respit, ou
» gracieuse mort, ruerent jus leurs armures, les pic-
» ques et hacquebutes, requerans miséricorde. Mais
» les francs-archiers qui ce langaige n'entendoient,
» pensant qu'ils estoient Brabanchons les submirent
» aux trenchans de leurs espées. Et furent trouvés
» morts, de ceux qui s'estoient mis à défense, y
» comprins les manans et les paysans, le nombre de
» huit cents ou environ. Après, lesdits archiers pille-
» rent et bruslerent la ville et l'église, qui estoit moult
» bien aorné. Ne demeurerent que huit maisons en-
» tières, le monastère des cordeliers et un hospital;
» et finablement dilapiderent les tours et les murailles.
» Ce très-piteux desroy fut faict par un mercredi en

» suivant le jour sainct Barnabé, au mois de juillet,
» an mil quatre cents-soixante et dix-sept. » (*Chroniques de* Jean Molinet, *chapitre* 42.)

39 « Maximilien par la grace de Dieu, roi des Ro-
» mains toujours Auguste, de Hongrie, de Dalmatie, de
» Croatie, etc., et Philippe par la même grâce Archi-
» ducq d'Autriche, duc de Bourgogne, de Lothier,
» de Brabant, de Limbourg, de Luxembourg et de
» Gueldre, comte de Flandres, de Thirol, d'Artois,
» de Bourgogne, Palatin de Haynault, de Hollande,
» de Zélande, de Namur et de Zutphen, marquis du
» Saint-Empire, seigneur de Frise, de Salm et de
» Malines, sçavoir faisons à tous présens et à venir,
» Nous avons reçu l'humble supplication de nos bien
» amez les manants et habitans de la ville d'Avesnes
« contenante qu'icelle ville fut bref après le trépas de
» feu notre très-cher seigneur et beau père de nous Roy
» et grand père de nous Archiducq le duc Charles que
» Dieu absolve, par les François, lors nos ennemis,
» envahie puis brûlée, et pillée et totalement demolie
» et ruinée, où elle fut jusqu'au traité de l'an quatre-
» vingt-deux dernier passé, que aulcuns desdits su-
» plians en bien petit nombre se vinrent ramasser es-
» perant y devoir vivre en paix ce qu'ils ne purent
» faire, obstant que certain tems après nouvelle guerre
» se remet entre nous et lesdits François, par lesquels
» icelle ville fut derechef prise, pillée et brûlée et iceux
» suppliants pris prisonniers et dechassés, tellement que
» ladite ville est cheute en totale désolation, ruine et
» depopulation, pourquoi iceux suppliants qui depuis
» lesdites guerres se y sont retrait en petit nombre ne

» voyant point bonnement moyen de reprendre et re-
» populer icelle ville qui est située et assise en la fron-
» tierre de notre pays de Haynault contre lesdits Fran-
» çois, ce n'est qu'il nous plaise leur accorder une
» franche foire et marché chacun an, etre tenus en
» ladite ville, et sur ce leur impartir notre grace, pour
» ce est-il que nous ces choses considérées, desirant
» le bien et augmentation de ladite ville, mesmement
» afin que doresnavant marchandises y puissent avoir
» cours et être exercées vu sur ces premier l'avis de
» notre grand bailly de Haynault, et des gens de notre
» conseil à Mons, lesquels par notre ordonnance se
» sont informé de l'intérêt et domage, que autre ville
» voisine y pourait avoir auxdits supliants inclinants
» favorablement à leur supplication et requette, avons
» consenty, accordé, et octroyé, consentons, accor-
» dons, et octroyons de grace spécialle par ces pré-
» sentes, que doresnavant et a toujours ils puissent
» avoir et tenir en icelle ville d'Avesnes chacun an
» une franche foire durant deux jours entiers, com-
» mençant le mercredy apres les Paques closes et du-
» rant jusqu'au vendredy ensuivant soleil levant, a
» telles prerogatives, libertés et franchises et aussy a
» telles charges, et durant le temps qu'il est accou-
» tumé ez autres villes de notre pays de Haynault ayant
» semblables foires, pour en icelle foire et marché
» pouvoir montrer, vendre et acheter toute maniere
» de denrées et marchandises que l'on y voudra ame-
» ner, soit par gens et marchands étrangers, ou autres
» quels qu'ils soient, et que tous marchands qui la-
» ditte foire voudront fréquenter et converser, y puis-
» sent ensemble leurs biens, denrées et marchandises

» seurement saulvement et paisiblement aller et venir
» chacun an lesdits deux jours durant d'icelle foire,
» et deux autres jours devant, et autres deux jours
» après, y demeurer et sejourner, eux et lesdits biens,
» denrées et marchandises amener et retraire ou bon
» leur semblera, sans pouvoir être pris empechés ni
» arretez par aucuns nos gens et officiers ni autruy
» pour cause de dettes quelconques, reservés toute-
» fois nos ennemis, les bannis, et fugitifs de notre
» pays, et ceux qui pour nos propres dettes et deniers
» seront poursuivables et tenus envers nous et nos
» successeurs, si donnons en mandement a notredit
» grand bailly de Haynault et gens du conseil audit
» Mons, prevost le comte à Valenciennes, bailly de
» Maubeuge, d'Avesnes, et à tous nos autres justi-
» ciers et officiers de notredit pays et comté de Hay-
» nault présents et advenir, leurs lieutenants et chacun
» d'eux en droit soy, et si comme à eux appartiendra,
» que de notre présente grace, octroy et consente-
» ment selon et pour la manière que dit est, ils fas-
» sent, souffrent et laissent lesdits suppliants, pleine-
» ment, paisiblement et perpetuellement joyr et user,
» tant à ceux qui viendront et converseront en ladite
» franche foire ou marché, faire ne souffrir etre faits
» quelconque arrest, detourner ou empechement au
» contraire, et affin que chacun puist de ce etre averti,
» nous voulons que ladite foire ils fassent crier, pu-
» blier et denoncer chacun mall de son office et
» lieux accoutumés de faire cris et publications, car
» ainsy nous plait-il, et afin que la chose soit ferme
» et stable à toujours, nous avons fait mettre notre
» scel aux présentes sauf en autre chose notre droit,

» et d'autruy en toutes. Donné en notre ville de Ma-
» lines au mois de mars l'an de grace mccccxciv, et des
» regnes de nous roy à scavoir de celuy des Romains
» le neufvieme et desdits de Hongrie, etc., le qua-
» triesme, ainsy signé par la relation du conseil du
» secretaire general, et d'autre part sur le plois es-
» toient visa. »

Cette foire était autrefois annoncée dès la veille à huit heures du soir, par le son de la cloche et la lumière des torches qu'on allumait à chaque côté de la porte de l'Hôtel-de-Ville, et plus anciennement du château. Elle a beaucoup perdu sous le triple rapport de la durée, de la solennité et du nombre des étalages.

4° Une délivrance aussi inespérée fut considérée comme une faveur céleste, et dans l'élan d'une pieuse reconnaissance on voua de perpétuelles actions de grace à la Vierge-Marie. Mais la superstition se mêlant bientôt à la dévotion, les imaginations ardentes se figurèrent que la Reine des cieux avait apparu réellement aux sacrilèges, menaçante, ayant une baguette à la main, et ce miracle fut consigné dans les registres de la confrérie de *Notre-Dame de Bonsecours*, en ces termes : « L'an mil quatre cent quatre-vingt-dix-huit,
» le jour de la présentation de Notre-Dame au temple,
» durant qu'on chantoit les matines, les François ont
» surpris la ville d'Avesnes, et y étant entrez jusqu'au
» petit portail de l'église commençant à piller se leur
» étoit apparu une honorable dame avec une baguette
» blanche en la main qui leur donna telle épouvante
» qu'ils s'entretuerent pour s'enfuyr. »

Tous les ans, à pareil jour, on distribuait pendant l'office de petites *cugnoles* aux assistans en mémoire de cet événement dont la date et l'histoire sont renfermées dans ce distique :

» Vota preCesqVe tIbI popVLVs CUM CanIat AVesnas
» Vrbe fUgas GaLLos VIrgo beata feros. »

C'est aussi le sujet du tableau placé dans la troisième des chapelles latérales, à droite, au-dessus de l'autel, et qui n'a de remarquable que l'intention, outre le mérite d'offrir une représentation assez fidèle de l'église telle qu'elle était encore en 1815. La distribution annuelle des *cugnoles* s'est faite jusqu'à la suppression de la confrérie. Les *cugnoles* sont des gâteaux, en forme de poupard emmailloté, que les enfans reçoivent de leurs parens et des amis de la famille aux fêtes de Noël.

La chapelle, maintenant dédiée à *Notre-Dame de Bonsecours,* l'était auparavant à saint Jacques et saint Philippe, que les marchands de toile avaient adoptés pour patrons, et dont les confrères se réunirent à ceux de *Notre-Dame de Bonsecours*. Les marchands du dehors qui voulaient vendre de la toile ou du linge en ville, étaient obligés de verser huit livres dans le trésor de cette double confrérie.

4: *Mense Maio* (1497) *Carolus Croviacus, Chimai Princeps, in uxorem ducit Ludovicam (alii Carolam vocant) Albretam,* etc. Charles de Croy, prince de Chimai, épouse en mai, Louise (d'autres la nomment Charlotte) d'Albret, qui lui apporte en dot la ville et la terre d'Avesnes ; elle était alors veuve de Jean de Bourgogne, comte de Nevers, d'Etampes, d'Eu et de Rhetel, et la dernière de ses trois femmes. » *(Ponti Heuteri Rerum Austriacarum lib. V, cap. 5).* La duchesse de Valentinois, Charlotte d'Albret, que Pontus Heuterus confond avec sa sœur Louise, eut pour époux César Borgia.

⁴² Ils furent enterrés dans l'église des Cordeliers.

⁴³ Toutes ces pieuses filles avaient leur logement dans le voisinage de l'hospice, et sans être cloîtrées elles suivaient la règle de saint François. En 1502 ou 1505, car on n'est pas d'accord sur cette date, leur oratoire fut converti en chapelle sous l'invocation de saint Louis. Elles eurent quarante ans après un cloître et un cimetière, qui furent bénis en 1547. Elles continuèrent néanmoins jusqu'en 1669 à donner leurs soins aux malades. Leur maison, ou leur enclos, occupait la plus grande partie du quartier compris entre le rempart, la rue de Mons et le quai ou la terrasse qui règne le long de la rivière.

⁴⁴ On ne sait ni comment ni dans quel quartier s'alluma cet incendie, qui éclata en 1514, la veille ou le jour de la saint Jean-Baptiste, et dont on découvre encore tous les jours des vestiges. Un tableau, qu'on remarquait il y a cinquante ans sur un mur du parloir des religieuses, avait été destiné à rappeler le souvenir de cet événement désastreux.

⁴⁵ Un curé et deux vicaires avaient jusqu'alors desservi la paroisse qui, devenue collégiale, eut un clergé nombreux. Le chapitre était composé d'un prévôt,

d'un doyen, d'un chantre, d'un écolâtre et de huit autres chanoines du nombre desquels était le curé de la paroisse, chanoine-né. Outre les revenus affectés aux prébendes, la fondatrice assigna sur ses épargnes, des fonds suffisans pour les gages d'un bâtonnier, de six enfans de chœur, d'un maître de musique, d'un organiste et le salaire des sonneurs. Mais le chapitre demeura chargé de l'entretien du chœur et de celui de deux chapelles latérales, dont la princesse lui avait abandonné le patronage, celle de saint Jean-Baptiste et celle de sainte Marie-Magdelaine, collectivement désignées dans la clause d'abandon, sous la dénomination de *Chapelles du Château*.

Le pape Clément VII approuva la fondation du chapitre d'Avesnes par un bref du 30 juillet 1533, la dixième de son potificat. Le titre de cette fondation ne fut néanmoins dressé que le 10 d'avril 1534, et ne le fut que d'une manière imparfaite, la mort n'ayant pas laissé le temps à la fondatrice d'expliquer entièrement ses intentions. Philippe de Croy, ratifia le 3 de janvier 1536, l'œuvre de sa mère et y donna toute l'authenticité convenable. Toutefois les six vicaires qu'elle avait eu le projet d'adjoindre aux chanoines pour les suppléer en cas de maladie ou d'absence, ne furent pas institués; un des treize canonicats qu'elle avait créés fut supprimé à la mort du chanoine qui cessa le premier de vivre, et la prébende qui y était attachée se répartit entre les autres membres du chapitre.

L'église avait été dédiée à saint Nicolas long-temps avant d'être érigée en collégiale. Elle est désignée sous le titre d'église de Saint-Nicolas d'Avesnes, dans des lettres d'amortissement des années 1350 et 1355. Flanquée des deux côtés de chapelles latérales, dans le goût espagnol, elle avait de la grâce avant qu'on en changeât la couverture. Le vaisseau est vaste et divisé en trois nefs, séparées par des arcades en larges pierres-de-taille que soutiennent de hautes colonnes au nombre de huit, ou de quatre de chaque côté ; les voûtes resserrées et comme encadrées entre des arceaux de pierres en ogives et à côtes, n'ont d'épaisseur que la largeur d'une brique, et ne plaisent pas moins par la légèreté qu'elles n'étonnent par la hardiesse : il semble qu'il suffise d'un choc un peu rude, de la moindre lézarde, pour les précipiter sur le pavé ; cependant elles subsistent intactes depuis trois siècles. On entrait autrefois par cinq portes, trois cintrées, toutes trois de front, qui subsistent, et deux latérales dont il ne reste plus de traces. L'intérieur est éclairé, trop éclairé peut-être pour un lieu où tout doit inspirer le recueillement, par treize fenêtres oblongues, terminées en ogives, mais disparates. A l'exception de quelques monumens funéraires, il n'en contient aucun de bien remarquable.

Le jubé, avec une balustrade et quatre colonnes en marbre de différentes couleurs, offrait probablement un aspect plus agréable à l'entrée du chœur, sa place naturelle, qu'au-dessus de la principale porte d'entrée, où il n'est pas en vue.

Les sept tableaux de L. Watteau, qui décorent les chapelles de Sainte-Anne, de la Vierge et de Saint-Nicolas, autrefois chapelle de *Madame*, et un huitième, peint sur bois, à quatre compartimens, portant la date de 1441 et qu'on juge avoir été apporté de la maladrerie, sont les seuls qui, sous le rapport de l'exécution, puissent fixer les regards.

On distinguait aussi un crucifix de grandeur colossale et une chaire de vérité de forme octogone, ornée de bas-reliefs. Cette chaire avait été donnée à l'église, en 1719, par un officier de l'évêque de Gand. Le crucifix était posé sur le jubé, avant le déplacement de cette tribune, en 1745; la croix touchait à la voûte du chœur, le Christ passait pour avoir été sculpté au couteau par un prisonnier.

46 Il y avait dans Avesnes, au xv° siècle, une maison de béguines, avec une chapelle dédiée à Ste Marie-Magdelaine. Cette maison et la chapelle étaient situées à l'une des extrémités de la ville, derrière l'église paroissiale, près de l'endroit où se trouve à présent un magasin à poudre. Le nom de *béguines*, emprunté à des sectaires qui pullulèrent en Allemagne et devinrent en France un objet de dérision, passa, dans les Pays-Bas, à une sorte de dévôtes dont la vie tenait le milieu entre celle du cloître et celle du siècle. « Elles
» sont, dit Regnard, vêtues de blanc dans l'église, et
» vont par les rues avec un long manteau noir qui
» leur descend du sommet de la tête et leur tombe
» sur les talons; elles portent aussi sur le front une
» petite huppe, qui forme un habillement assez ga-
» lant; et on trouve des filles sous cet habit dévôt que
» j'aimerais mieux que beaucoup d'autres avec l'or et
» les diamans qui les environnent. » (Jean François Regnard, *Voyage en Flandre et en Hollande*.)
Elles observaient une règle commune; mais elles ne mettaient pas leurs biens en commun, ne renonçaient pas au monde et ne faisaient pas de vœux; il leur était loisible d'abandonner leur institut pour

s'engager dans les liens du mariage. Le béguinage d'Avesnes était apparemment désert quand Louise d'Albret forma le dessein d'en faire un lieu de retraite *pour cinq femmes vefves ou à marier honnestes et de bonne vie et non ayant jamais eu mauvais bruit.* Elle les dota de 50 livres de rente, de cinq muids de blé et de douze cordes de bois taillis. Elle ne leur donna pas de règle, mais, outre l'obligation d'assister à tous les offices du chapitre, elle leur imposa celle de porter en ville un habit décent, de drap noir, avec une coiffure dont elle détermina elle-même les dimensions et la forme ; d'être rentrées après le son de la cloche annonçant la fermeture des portes; de s'abstenir de fréquenter les lieux consacrés à la danse ou à la débauche. Un habitué de la paroisse devait chanter une messe et faire l'eau bénite tous les dimanches dans leur chapelle. Ces nouvelles béguines ne paraissent pas avoir jamais excédé le nombre de trois, et dès 1690 leur demeure inhabitée tombait en ruine. Une partie du terrain de l'ancien béguinage ayant été cédée au département de la guerre et comprise dans les ouvrages de la place, on construisit sur le reste, aux frais de la ville, une école de filles avec un logement pour la maîtresse, qui prit aussi le nom et l'habit de béguine. Celle qui vint prendre la direction de l'école en 1733, se présenta comme *pourvue par Sa Majesté d'une place de béguine dans le béguinage d'Avesnes.* Cet établissement ne se soutint pas. Après avoir résisté long-temps aux sollicitations, les récollectines consentirent enfin à se charger de l'instruction élémentaire des enfans de leur sexe, et leur enseignèrent à peu près tout ce qu'elles savaient elles-mêmes : à lire, à écrire, à tricoter, à coudre. Les parens qui voulaient faire donner aux leurs une éducation plus distinguée étaient obligés de les envoyer au loin. En général, l'éducation des filles fut assez négligée jusqu'au temps où une dame douée d'esprit et de courage (Mme Clément-Hémery), songeant à tirer parti de ses talens, ouvrit le premier pensionnat de demoiselles qu'Avesnes ait eu. Le succès dépassa d'abord ses espérances; mais, au bout de quelques années, le pensionnat fut abandonné. Celui que les dames de Sainte-Thérèse ont établi depuis est dans un état prospère, et il en existe maintenant un second.

[47] Elle mourut à Avesnes, le 12 septembre 1535, et fut inhumée à l'entrée de l'église paroissiale, sous les cloches.

[48] Ce monument était à gauche, et un peu en arrière du maître-autel. Il consistait en un socle de marbre noir, supportant un prie-Dieu de même marbre, sur lequel une statue en marbre blanc, représentant Louise d'Albret, était agenouillée. Couverte d'un manteau fort ample, qui descendait du haut des épaules jusqu'au-dessous des talons, et coiffée d'un couvre-chef à barbes surmonté d'une couronne ducale, la princesse, dans l'attitude d'une personne qui prie, avait les genoux appuyés sur un coussin où reposait un petit chien, et les mains jointes au-dessus d'un livre d'heures ouvert devant elle. Ce mausolée, le tombeau d'Olivier de Bretagne, et les autres monumens de ce genre, ont été détruits dans les premières années de la révolution.

On remarquait entre ces derniers le tombeau de Jean d'Aneux et l'épitaphe du marquis de Crevecœur, deux des anciens gouverneurs d'Avesnes.

Le tombeau, large sarcophage en marbre blanc, surmonté de la statue de Jean d'Aneux à genoux et les mains jointes vis-à-vis un crucifix, était renfermé dans une cellule adossée extérieurement au mur du fond de la quatrième des chapelles à gauche. Il tirait du jour par une large fenêtre du côté de la rue, et par un treillis du côté de la chapelle.

L'épitaphe du marquis de Crevecœur était gravée en lettres d'or sur une table de marbre noir ornée d'emblèmes en marbre blanc, entre autres de deux mains s'allongeant comme pour se prendre et tenant chacune un cœur enflammé.

49 Ces travaux coûtèrent 175,847 liv. 14 sous, indépendamment des innombrables corvées auxquelles les vassaux de la seigneurie se soumirent volontairement, et de la prodigieuse quantité de bois qu'il fallut employer. Les habitans de la ville et ceux de la terre étaient obligés de contribuer aux réparations et à l'entretien des fortifications, en payant un impôt dont le produit était destiné au paiement des travaux, mais que le seigneur ne pouvait néanmoins lever sans l'autorisation du prince. Philippe-le-Bon autorisa, en 1428, *le comte de Penthièvre, seigneur d'Avesnes, à lever dans sa dite ville d'Avesnes et villages en dépendans, six deniers sur chaque lot de vin et de bierre, pour les deniers en provenant être employés aux réparations des fortifications de ladite ville.* Pierre Blasin, *écuyer de l'escurie du prince Gabriel d'Al-*

bert et son commis en la terre et pairie d'Avesnes, accorda, en 1493, au magistrat de cette ville, *de l'avis et consentement du gouverneur et autres officiers de la terre*, un droit sur les maltôtes des *vins et bierres*, à charge d'en employer le produit à la réparation des ouvrages de la place. En 1533, *les mayeur, jurés et communauté de la ville d'Avesnes, sensibles aux honnesteté et remontrances de madame Louise d'Albret, princesse de Chimay, leur dame et maîtresse, et à la libéralité du duc d'Arschot, qui avait bien voulu donner la somme de 8,000 florins carolus, pour une fois en deniers clairs, pour subvenir aux réparations des ouvrages et fortifications de la ville d'Avesnes, et connoissant qu'ils trouvoient en cela leur bien et plus grande seureté, consentirent et accordèrent unanimement que sur tous les vins qui se vendroient en la ville et résidence d'Avesnes, il seroit levé, durant l'espace de six ans, six deniers pour chacun lot de vin et sur chacun tonneau de cervoise deux sols tournois, ainsi qu'avoient fait tous les manans des autres villes dépendans de la terre d'Avesnes, qui avoient accordé pour lesdites fortifications six deniers sur chaque lot de vin et quatre sols sur chacun tonneau de cervoise.*

Tout le monde sait ce que c'est que de la *cervoise*; mais il n'en est peut-être pas de même de la mesure de capacité désignée par le nom de *lot*, il peut donc n'être pas inutile de faire remarquer qu'un *lot de cervoise* doit se traduire ici par un *pot de bière*.

5° « Lorsque ce monarque *(Charles-Quint,)* las de
» régner et de combattre, voulut voir son fils s'essayer

» à ce rude métier, Anvers dépensa 260,000 florins d'or
» pour célébrer sa bienvenue. C'était payer fort cher la
» mauvaise mine d'un roi nouveau, d'un roi sombre et
» chagrin, qui ne savait pas rembourser en gracieusetés
» les frais de joyeux avénement. » (*Anvers au XVIe
siècle*, par M. A. Bazin, dans la *Revue de Paris*.)
Il ne faut pas prendre à la lettre cette saillie d'un
écrivain spirituel. Le prince d'Espagne, qui n'était
pas encore Philippe II, reçut avec bienveillance les
fêtes et les dons qu'on lui offrit, ordonna ou fit lui-
même beaucoup de largesses, se distingua dans plusieurs genres d'exercice, et charma les dames par sa
galanterie. Toutefois il est vrai que les cérémonies de
son inauguration, dont Bruxelles eut l'initiative, et
qui se réitérèrent ensuite dans chaque ville, coutèrent
aux provinces des sommes incalculables. Elles dé-
ployèrent dans cette occasion une magnificence qui
dut persuader à Philippe qu'il allait dominer sur les
contrées les plus riches de l'Europe. En approchant
de la capitale par un temps serein et un soleil rayon-
nant, ses regards embrassèrent à la fois Bruxelles,
Louvain, Vilvorde, Malines, Anvers, de jolis bourgs,
quantité de villages, et les fertiles et riantes campagnes qui les environnent. Toute la noblesse en armes,
et divisée en deux camps, l'attendait à deux milles
des portes, au milieu d'une immense population.
Lorsqu'il se remit en marche pour se rendre en d'autres lieux, de nombreux corps de métiers réunis en
confréries ayant chacune sa couleur particulière et
son guidon, bordaient les chemins. Des compagnies
bourgeoises montant de beaux chevaux, vêtues de
superbes uniformes, l'attendaient en avant de chaque

bourgade, où il était accueilli par des acclamations, au bruit des fanfares, des décharges de mousqueterie, du son de toutes les cloches ; les mêmes cavaliers l'escortaient à sa sortie. Dans les endroits où il s'arrêta, les festins, les jeux, la danse, tous les plaisirs se succédèrent sans interruption ; les liqueurs enivrantes coulaient à grands flots ; on était ébloui par l'éclat des parures où brillaient l'or, la soie et les pierreries. Les Flamands et les Brabançons, passionnés pour les travestissemens, dont ils s'ingénient à varier les formes, se surpassèrent eux-mêmes. Les rues, les places publiques tendues de magnifiques tapis, ornées de festons et de guirlandes, étaient couvertes de personnages allégoriques dans les costumes les plus recherchés. Jamais tant de représentations dramatiques ne s'offrirent aux regards ; il semblait que le pays ne fut plus qu'un théâtre où d'innombrables acteurs jouaient toute sorte de rôles. L'ivresse était universelle ; mais ce n'est que par l'accueil général qu'on fit au jeune souverain dans ses nouveaux états, qu'il est possible de juger aujourd'hui de celui qu'il reçut particulièrement dans Avesnes.

On y travaillait alors au clocher, grosse tour quadrangulaire fort haute et d'une exécution hardie. Cette masse énorme, toute revêtue de belles pierres-de-taille bleues, n'a pour base que quatre piliers d'une grande élévation. Il est probable que ce fut dans ce temps qu'on la couronna d'un dôme ; elle était auparavant couverte d'une plate forme. On avait fondu douze cloches pour les joindre à l'horloge. Ce carillon est apparemment le premier qu'ait eu Avesnes, qui possède aujourd'hui le plus beau de ces instrumens gigantesques, car on peut sans doute nommer ainsi un assemblage de cloches de toutes grandeurs, avec lesquelles on exécute toute sorte de morceaux de musique. Les heures, les demi-heure, les quarts d'heure, toutes les divisions du jour ; les diverses solennités, les événemens heureux, sont annoncés par des airs de carillon.

On a prétendu que Charles-Quint avait multiplié les carillons dans les Pays-Bas pour calmer l'humeur inquiète et turbulente des peuples enclins à la révolte. « Le même air joué d'heure en heure pendant des » siècles dit M. Michelet, a suffi au besoin musical de » je ne sais combien de générations d'artisans, qui » naissaient et mouraient fixés sur l'établi. » (*Histoire de France.*) L'admiration que le carillon de Tongerloo avait inspirée à Goropius, dénote qu'ils étaient de son temps peu communs et que l'invention n'en pouvait être ancienne. Goropius écrivait sous le règne de Philippe II, à qui il dédia son livre.

Il ne reste des vieilles cloches d'Avesnes que les deux plus fortes. La plus grosse des deux, celle qu'on nomme par excellence la grosse cloche, porte au haut, dans le pourtour, avec la date de 1514, les deux légendes suivantes, sur une même ligne :

Pour toy peuple exiter
Venir a Sainte Eglise
Ilecq Dieu contempler
Et la vertu qu'on prise.
InspICe sVM rVtILo CLaresCens faCta nItore.

Ces légendes sont en caractères gothiques. Les autres cloches ont été apportées de l'abbaye de Liessies avec le carillon, qui fut fondu à Louvain en 1767 et 1768. Lors de la vente du mobilier de cette maison religieuse, tout ce bronze avait été réservé pour être converti en monnaie de billon; Avesnes le conserva en cédant en place son ancien carillon et une partie de ses cloches, d'une valeur à peu près égale quant à la matière et au poids, mais bien inférieure sous le rapport de la beauté, de l'étendue et de l'harmonie des sons.

Bâtie sur la cime du rocher et destinée à servir de clocher et de beffroi tout ensemble, la tour est assez élevée pour se trouver exposée aux coups de foudre. Elle en fut frappée le 3 février 1666, et le feu prit au bas de la lanterne, mais on parvint assez aisément à l'éteindre. Le 19 juin 1783, vers neuf heures du soir, le tonnerre tomba sur la fenêtre du midi de la place basse de cette lanterne, et mit plusieurs plaques de plomb en fusion. Il tomba la nuit du 26 décembre 1811 sur la fenêtre du nord de la même place, d'où la flamme parut sortir tout-à-coup avec un éclat effrayant. Le plomb fondu découlait sur les toits inférieurs; les habitans du voisinage emportèrent leurs meubles, l'alarme se répandit en un moment dans tous les quartiers; l'épouvante était si grande qu'on fut sur le point d'abattre le sommet de la tour à coups de canon. L'intrépidité d'un ouvrier, qui arrêta les progrès de l'incendie en coupant une poutre, préserva la ville d'un affreux désastre.

51 Charles de Croy mourut en 1551, et fut inhumé dans l'église paroissiale d'Avesnes, récemment érigée en collégiale.

52 Le nom de Flamengries semble formé des deux

mots néerlandais *Vlamen grenze*, frontière des Flamands ou de la Flandre. Ce village touche en effet à la ligne qui séparait alors les Pays-Bas de la France, celle qui forme aujourd'hui la limite entre l'arrondissement d'Avesnes et l'arrondissement de Vervins. Personne n'ignore qu'on avait autrefois, et qu'on a conservé dans la capitale, l'habitude de désigner sous la dénomination générale de Flandre les diverses contrées situées en-deçà de cette ancienne frontière.

Henri II voulait se venger sur le Hainaut « des horribles dégâts que le comte de Rœux, par les ordres de la reine de Hongrie, avait faits en Picardie durant les dernières campagnes, et surtout à Folembray, maison royale où il avait fait mettre le feu. » (Le P. Daniel, *Histoire de France*.) La prise d'Avesnes entrait dans les vues du monarque irrité; néanmoins, ces dispositions ne furent pas aussi fatales à cette ville que l'avaient été neuf ans auparavant celles de d'Annebaud, qui peut-être avait eu le dessein de la surprendre, mais non celui d'en former le siége.

« L'amiral (*d'Annebaud*) ayant pris congé du Roy à Villers-Costerets, alla coucher à Soissons, de là à Montcornet en Tierasse, auquel lieu il assembla les hommes qu'il devait mener; de Moncornet alla camper à Estrée-au-Pont, sur la rivière d'Oyse; duquel lieu, après avoir fait repaistre les chevaux, dès jour couché, fit partir le sieur de Longueval avec cinquante hommes d'armes de sa compagnie, et Martin du Bellay, sieur de Langey, avec la sienne et le capitaine Lalande, avec mille hommes de pied, pour passer entre Avesnes et la haye d'Avesnes, afin d'empêcher que du côté de là l'eau il ne luy pusse arri-

» ver secours. Or, entre Estrée-au-Pont et Avesnes,
» deux lieues en-deçà dudit lieu d'Avesnes, passe une
» petite rivière de l'estang du Beufle, laquelle, par la
» hauteur des rives, est en peu de lieux guaiable, et
» y a un seul pont à un village nommé Estrœnt, par
» lequel on passe. Au bout d'iceluy pont, les ennemis
» avoient fait un blocus (car ainsi nomment-ils ce que
» nous appelons un fort), dedans lequel avoit trois
» cens hommes pour la garde. Le sieur de Langey
» print le devant, menant avec luy une douzaine de
» pionniers, et entre ledit fort et l'estang du Beufle,
» fit abattre les bords de la rivière; en sorte qu'il y
» passa à gué et se trouva devant les portes d'Avesnes,
» premier que le sieur de Longuevalle et Lalande ar-
» rivassent à Estrœnt, lequel tint ceux d'Avesnes en
» telle subjection que le capitaine Lalande força ledit
» fort d'assault et mist ceux de dedans au fil de l'épée,
» sans que ceux de la ville en eussent la cognoissance.
» A Avesnes passe une autre rivière, laquelle se nom-
» me la rivière d'Avesnes et va tomber en la rivière
» de Sambre; le sieur de Langey, pour achever l'en-
» treprise de se jetter entre la haye d'Avesnes et la
» ville, adverty de la prise du fort, marcha pour passer
» ladite rivière; mais avant qu'il y arrivast, vint devers
» luy un homme, envoié de la part de monseigneur
» l'amiral, l'advertir qu'il avoit changé d'opinion et
» qu'il eust à se retirer vers le chemin de Cartigny qui
» est sur la rivière du Beufle, tirant au chemin de
» Landrecy; à quoy il obéit. Si est-ce que sur sa re-
» traite ceux d'Avesnes luy firent plusieurs charges;
» mais ayant laissé trente ou quarante chevaux en une
» fosse, l'ennemy qui n'en avoit la cognoissance passa

» outre; incontinent ceux qui estoient demeurez en
» la fosse leur donnèrent à dos, et prinrent quinze ou
» vingt des ennemis. Je n'ai pas bien entendu à quelle
» occasion on avoit changé de desseing, n'est que l'on
» disoit que Saint-Remy, commissaire de l'artillerie,
» avoit dit que la ville n'étoit forsable : si ainsi estoit,
» on ne devoit venir jusques là pour laisser d'autres
» plus belles entreprises; si est-ce que qui l'eust as-
» saillie de furie, il estoit apparent qu'on l'eust prise,
» la trouvant depourvue d'hommes comme elle estoit. »
(*Mémoires de* Martin du Bellay.)

Les Français, en 1552, l'auraient trouvée dans
un meilleur état de défense; mais ils ne purent en
approcher.

« M. d'Aumalle, avec les chevaux legers, avait pénétré jusques à Valenciennes sans trouver nul ennemi... car... ils s'estoient enclos dans les villes...
Le samedi neufiesme (*jour de juillet*) vint le camp
loger à la Flamandery, et estoit l'avant-garde logée
tout auprès de la bataille. C'estoit un beau village,
et le dernier de ceux qui sont de l'obéissance du
roy, qui n'avait point esté bruslé. Le roy y fit séjour
du dimanche dixiesme. De ce logis furent envoyés
aucuns, pour recognoistre la ville d'Avesnes; mais
les grandes et insupportables pluyes, dont fut l'armée continuellement affligée, et les chemins fermés
au charroy de l'artillerie, furent cause que le siège
ne fut mis devant Avesnes. » (Guillaume Paradin,
doyen de Beaujeu; *Continuation de l'Histoire de
nostre temps.*)

Glageon, Trélon, Chimai furent plus malheureux.
Estant le roy devant le chasteau de Glasson, sortit

» de Trelon une damoyselle bien laide, laquelle en
» sa calamité habilla à rire à la compagnie ; car elle
» crioit à haut de teste, qu'on sauvast la vie à son mari
» et à elle son honneur. Ceste requeste se termina en
» risée, et luy fut dit que sa beauté serviroit de sauve-
» garde à son honneur, et luy valut mieux pudique
» difformité que beauté prostituée. Cependant que
» le chasteau dudict Trelon flottoit entre desespoir de
» se defendre et vouloir de tenir, les soldats françois
» monterent avec eschelles, et prindrent la place, et
» pour l'indignation qu'ilz avoient de la blessure du
» seigneur d'Estanges, tuerent grand nombre de ceux
» qui se trouverent avec les armes, dedans ladite for-
» teresse... » Après le sac de Chimai, « retournant
» M. le connestable à Trelon, fut ledit chasteau en-
» tièrement mis par terre, et renversé de fondz en com-
» ble, si bien qu'il n'y demoura corps-de-logis ny
» murailles debout que tout ne fust rasé, tant par
» mines que par feu ; mesmêment furent les murailles
» du chasteau jettées dedans les fossez, à force de
» pionniers, et n'y demoura quasi pierre sur pierre,
» qui avoit esté un des plus beaux lieux de toute icelle
» contrée... Au chasteau de Glasson fut le feu mis
» aussi, et se sentirent les plus proches de l'infortuné
» voisinage de Trelon. Depuis le logis de Roquigny,
» jusques au lieu où fut Trelon, ayant fait le roy trois
» lieues, print résolution de se retirer, à cause des
» pluyes continuelles, qui avoient en telle sorte des-
» trempé le païs, qu'il n'estoit possible à personne de
» pouvoir tenir à pié ferme : tant s'en falloit qu'il fust
» possible d'y mener ces lourdes machines de l'artil-
» lerie. Ainsi partit ledict seigneur pour aller à Mons-

» treul-les-Dames au giste. Et pour ce que à la re-
» traicte, il falloit passer par ceste grande et dange-
» reuse forest, le jeudy devant, monsieur l'amiral
» avec l'arrière-garde passa le bois : lequel le roi suivit
» le vendredy, en fort bon ordre, et bien délibéré de
» recevoir la charge de l'ennemy, lequel donna seule-
» ment une alarme dans ledict boys. » (G. Paradin.)

Mais la vengeance du roi n'était pas satisfaite, il voulait en faire ressentir plus immédiatement les effets à Marie. « Il y avait, dit un historien, une ardente
» haine entre Henri II et la reine de Hongrie, dont
» je ne sais pas le sujet, mais seulement que les soldats
» françois avoient fait des chansons d'elle et de Bar-
» banson, le plus aimable seigneur de sa cour. »
(Mezerai, *Histoire de France.*) « Marie, suivant un autre historien, contemporain de cette princesse,
» étoit très-belle et agreable, et fort aimable, encore
» qu'elle se montrât un peu hommasse : mais pour
» l'amour, elle n'en estoit pas pire, ni pour la guerre,
» qu'elle prit pour son principal exercice. » (*Mémoires de* Brantôme.)

Le connétable revint en 1554 dans le Hainaut à la tête d'une armée formidable. « Sa marche fit croire
» aux ennemis qu'il en vouloit à Avesnes, où ils jet-
» terent beaucoup de troupes ; mais rabattant tout-à-
» coup sur la droite, il fit investir Mariembourg »
(Le P. Daniel), dont il se rendit maître.

Le roi ayant rejoint l'armée prit Bouvines, Dinant et Binch qu'il brûla avec le magnifique palais de la reine Marie, orné de peintures, de vases, de statues antiques, « qui furent dispersés. » (Anquetil, *Histoire de France.*) Marimont, séjour enchanteur embelli par

l'art et la nature, et dont les jardins surtout étaient délicieux, Marimont eut le même sort. Tout fut détruit, bouleversé, et au milieu des ruines le roi fit mettre cette inscription : *Souviens-toi de Folembray, Reine insensée.* Quand la nouvelle de ce désastre fut apportée à Marie, « elle tomba en telle détresse, des-
» pit et rage, qu'elle ne s'en pût de long-temps ra-
» paiser : et en passant un jour auprès, en voulut voir
» la ruine, et la regardant fort piteusement, la larme
» à l'œil, jura que toute la France s'en repentiroit et
» qu'elle se ressentiroit de ces feux, et qu'elle ne seroit
» jamais à son aise, que le beau Fontainebleau, dont
» on faisoit tant de cas, ne fust mis par terre et ny
» demeureroit pierre sur pierre. » (Brantôme.)

L'armée française poursuivant l'armée impériale, qui reculait en bon ordre, embrasa dans sa traversée, Maubeuge et Bavai, « belle petite ville, laquelle estoit
» abandonnée des habitans. » (Paradin.)

Henri passa du Hainaut dans le Cambresis, et se retira sur le comté de Boulogne. « Ses propres dévas-
» tations le forcèrent à abandonner des contrées qui
» ne pouvaient plus le nourrir. » (Anquetil.)

43 Comme bailli. Adrien de Blois, chevalier, seigneur de Beauregard, qui remplissait cet office en 1544, se qualifiait *gouverneur et bailli d'Avesnes.* M. De Potelle, son successeur prenait aussi les deux titres, avant et depuis la cession de la ville, en 1556. Le seigneur de Warelles, qui succéda à M. De Potelle, les prit de même. Ces baillis étaient des gens d'épée qui devaient conduire et commander à la guerre la milice du balliage.

La grande tombe, en marbre rouge, qu'on voit dans la chapelle de Saint-Nicolas, au bas de la balustrade, à gauche, est celle du seigneur et de la dame de Warelles. Les figures de ces personnages sont d'un travail grossier, mais le costume du temps est rendu avec une fidélité tout-à-fait naïve.

54 Tous les habitans des lieux compris dans l'enclave de la seigneurie, étaient autrefois obligés de prendre les armes et d'accompagner le seigneur dans ses différentes expéditions. Le temps et le progrès des mœurs circonscrivirent cette obligation dans de certaines limites. On a vu que Gautier dispensa ceux d'Avesnes de l'accompagner aux joutes et aux tournois, et qu'ils ne s'engagèrent à se mettre en campagne avec lui que dans les cas soit de réquisition de la part de son suzerain, ou d'invasion de quelqu'un de ses domaines. Le seigneur pouvait mener, au moins une fois l'an, aux tournois, aux joutes, au combat, ceux des autres communes, mais en les défrayant, s'il les retenait plus d'un jour. Lorsque les guerres particulières furent moins fréquentes, et surtout lorsque les souverains entretinrent des armées permanentes sur pied, le service des vassaux s'allégea progressivement. Bientôt il ne consista plus pour ainsi dire qu'à monter la garde en ville. Il était à peu près réduit à une simple contribution pour l'entretien du guet, quand Avesnes passa sous la domination directe du roi d'Espagne. Cette contribution devait être payée de trois mois en trois mois par les villages de Dimond, Dimechaux, Damousies, Offies, Sars, Beugnies, Felleries, Ramousies, Semeries, Flaumont, Waudre-

chies, Avesnelles, Saint-Hilaire, Dompierre, Saint-Remy-mal-Bâti, Limontfontaine, Manissart.

La compagnie des chevaliers de l'arquebuse, qui subsistait encore en 1789, était un reste ou plutôt un *memento* de l'ancienne milice bourgeoise.

55 L'énumération des peines dont l'application était laissée à la disposition du seigneur, fait frémir. « Haute » justice et seigneurie s'extend et comprend de faire » emprisonner, pilloriser, eschaffauder, faire exécu- » tion par pendre, décapiter, mettre sur roue, bouil- » lir, ardoir, enfouir, flastrir, exoriller, coupper poing, » bannir, fustiger, torturer, etc. » (*Chartes générales du Hainaut, chap. 130, art. 1er.*)

56 Marie Bourdon, native de Maroilles, femme de Colin Carniaux, convaincue d'adultère et d'avoir massacré ses deux fils dont le plus âgé n'avait que cinq ans, ayant été condamnée à être étranglée et jetée au feu, fut exécutée en 1568, *hors la porte Cambresienne*. (*Archives de la seigneurie.*)

57 La halle au blé et la halle au *filet*, c'est-à-dire au fil, étaient situées sur la Grande-Place. La halle au blé est maintenant halle aux farines. Toutes les tentatives qu'on a faites pour rétablir en ville un marché aux grains sont restées infructueuses. Ce marché, qui subsistait encore en 1740, était quelquefois si abondamment approvisionné qu'il s'étendait jusqu'au milieu de la place. La halle au *filet* fut abandonnée en 1585, par le duc d'Arschot, à Jacques Pillot, greffier des bois de la terre et pairie, avec *la boucherie*

et la place ou solloit être le poids de la ville, à la charge *d'édifier sur lesdits lieux une maison manable et avec ce une bonne et grande chambre pour y tenir les plaids.* Ces conditions furent exécutées et la maison, située vis-à-vis de l'Hôtel-de-Ville, était remarquable par les arceaux, les figures fantastiques et les armoiries du Prince, qui en décoraient les fenêtres.

Indépendamment du fil qui se vendait à la halle, des marchandes du dehors venaient en débiter au marché, de même que de la *sayette*, sorte de laine filée.

[58] Le réglement de la confrérie de Saint-Jacques et de Saint-Philippe, composée des marchands de toile, peut donner une idée de ces corporations.

« Charles Albert de Longueval, comte de Bucquoy
» et de Gratzen, baron de Saulx et de Rosemberghe,
» gentilhomme de la chambre du Roi et de son Altesse Sérénissime, lieutenant, gouverneur, capitaine, grand-bailly et souverain officier du pays et
» comté de Haynault, etc. A tous ceux que ces présentes lettres verront ou oyront, salut. Reçu avons
» l'humble supplication et requeste des M. et confrères
» de la chapelle Saint-Jaques et Saint-Philipes, etc…
» contenant que lesd Remontrans auroient conçeu et
» arrêté entre eux certains points et articles en forme
» de reglement… Et nous requis et humblement supplié que de notre authorité souveraine il nous plut
» avouer, confirmer et emologuer ledit reglement en
» tout son contenu, declarant executoires les peines,
» loix et amendes y reprises, et de ce leur en faire
» expedier nos lettres en tel cas requises et pertinentes.

» *POINTS et articles que lesdits confrères prétendent faire*
» *emologuer et aprouver sous la correction ci-après :*

» A tous ceux qui ces presentes verront et oyront,
» salut. Nous confreres de la chapelle et confrerie
» Saint-Jaques et Saint-Philipes erigée en l'Eglise col-
» legialle de Saint-Nicolas patron de la ville d'Avesnes,
» desirans d'une œuvre pieuse et l'augmentation de
» ladite chapelle pour l'entretenement des ornemens
» d'icelle, aussy faire decharger annuellement les le-
» gations et fondations d'aucuns obits par quelques
» bonnes personnes, que pour la trop petite retribu-
» tion, il les convient reduire en des messes, n'ayant
» ladite chapelle que bien peu de revenu pour four-
» nir au court et luminaires qu'il convient par annal,
» jointement que les statuts, ordonnances et regle-
» mens accordés cy devant à leurs predecesseurs et
» confreres étoient perdus par les guerres intestines
» d'entre les roys d'Espagne notre Sire et celuy de
» France, qui peut être aussi par la simplicité d'au-
» cuns desdicts confreres, tellement que ceux présens
» n'ont aucuns reglemens pour la garde du droit de
» ladite chapelle, cause que pour l'augmentation d'i-
» celle et de ladite confrerie, avons trouvé expédient
» de former aucuns points et articles cy après déclarés,
» afin de les pouvoir faire aprouver de son excellence
» grand-bailly de Hainaut pour valoir contre tous de-
» linquants, payer lesdits droits à apartenir un tiers à
» Sa Majesté, un tiers à ladite chapelle pour le service
» divin et entretenement d'icelle et l'autre tiers aux-
» dits confreres pour les encourager en unité de con-
» frerie et garder les droits de ladite chapelle en la
» forme qui s'ensuit.

» Que toutes personnes desirans se rendre confreres
» de ladite chapelle et confrerie, seront tenus en leur
» admission faire serment de bien et fidellement garder
» les biens, revenus et droits d'icelle chapelle et con-
» frerie en payant lors prestement son entrée, la som-
» me de soixante sols, à appartenir moitié à ladite cha-
» pelle et l'autre moitié aux confreres.

» Si seront tenus lesdits confreres eux trouver à
» toutes processions solemnelles qui se feront par les
» chanoines de ladite église, comme les autres con-
» freres d'autres chapelles en icelle église, aussy à
» toutes assemblées qui s'y feront par charge du maî-
» tre de ladite confrerie, à peine d'encourir par cha-
» cune fois que l'un ou plusieurs seront trouvés de-
» faillants en l'amende de cinq sols au profit desdits
» confreres, ne soit excuse legitime de maladie ou
» autrement. De plus faire election d'un maître le
» jour et solemnité de saint Jaques et saint Philipes,
» lequel maniera les biens et revenus d'icelle, parmy
» le compte qu'il sera tenu rendre en etant requis.

» Aussy que toutes personnes etrangeres marchands
» tant de France que d'autres pays ne pourront vendre
» aucunes toiles tant grosses qu'autres en ladite ville
» d'Avesnes en détail, à peine d'encourir l'amende de
» dix livres applicable comme dessus.

» Sauf que lesdits marchands etrangers pourront
» vendre laditte toille en gros et non autrement.

» Au surplus que toutes personnes de ce pays et y
» tenans residence venant vendre aucune marchan-
» dise de toille en detail en ladite ville, payeront
» pour droits la somme de huit livres au profit que
» dessus, en quoy ne seront compris ceux qui ven-

» dront des menus ouvrages, tels que corgerettes,
» collers et semblables.

» Item lesdits confreres se trouveront à toutes re-
» creations qu'ils feront ensemble es solemnitez avant
» dittes comme les confreres d'autres chapelles, à
» peril de payer par les defaillans demy escot, à en-
» tendre le jour saint Jaques et saint Philipes jour de
» ladite confrerie.

» En outre si aucuns confreres desiroient de se de-
» porter de ladite confrerie, payeront pour les droits
» d'issue soixante sols tournois audit profit.

» Item que si un desdits confreres venoit a deceder,
» les autres confreres survivans seront tenus pour une
» œuvre pieuse luy faire dire chacun une messe en
» ladite chapelle au plustot que faire se poura, ledit
» trepas advenu.

» Et pour tant mieux etre gardez inviolablement tous
» les points et articles cy devant narrez nous lesdits
» confreres soussignés promettons les tenir pour fer-
» mes et stables et en procurer l'aprobation de mon-
» seigneur le grand bailly de Haynaut pour valoir
» contre tous delinquans de payer lesdits droits selon
» le contenu es articles cy devant. Ce septiesme no-
» vembre 1634.

» Pour ce est-il que nous les raisons susdittes consi-
» derées et eu sur ce bon avis et regard desirans
» donner addresse et provision aux choses requises et
» necessaires voir si favorables que la presente con-
» cernante un bien publicq et commun, après en
» avoir pris les apaisemens qu'il convenoit et le tout
» eté veu et meurement examiné par les gens du con-
» seil ordinaire de roy à Mons, avons pour et au nom

» de Sa Majesté et comme son grand bailly et sou-
» verain officier du pays et comté de Hainaut, si que
» dit est y ratifié, confirmé, approuvé et emologué...
» tous et chacuns les points et articles cy dessus re-
» pris, consequemment voulons et ordonnons qu'ils
» soient tenus et observés comme bons statuts et usages
» legitimes, et ce jusqu'au bon plaisir et rappel de
» sadite Majesté ou de nous au titre que dessus, dé-
» clarans aussy executoires les peines et amendes y
contenues contre les transgresseurs et contrevenans,
si donnons en mandement à tous sieurs justiciers,
officiers et sujets de sadite Majesté en ce pays et
à tous autres qui ce regardera que de cette notre
presente grace, confirmation et adveu, ils laissent
pleinement et paisiblement jouir et user lesdits su-
plians sans leur faire mettre ou donner ou souffrir
leur être fait, mis ou donné aucun trouble ou empechement au contraire ores ni en temps advenir,
et afin que personne n'en pretende cause d'ignorance, nous voulons que soit faite publication aux
lieux accoutumés de laditte ville d'Avesnes au jour
plus convenable et mieux apropos. En temoin de
quoy nous avons à ces presentes fait mettre et ap-
pendre le scel de notre grand baillage de Hainaut.
Donné en la ville de Mons, le vingt sixieme jour du
mois de juin de l'an de grace 1635. Etait signé
Deboussy avec paraphe.

» Le contenu es presentes lettres de reglement a
été bien et duement publié sur le marché de ladite
ville d'Avesnes au lieu et heure ordinaire, tant ver-
ballement de la part de l'office dudit Avesnes que
par affiche de billets au lieu accoutumé, afin que

» personne n'en prétende cause d'ignorance, ce qu'at-
» teste le soussigné greffier dudit lieu. Ce vingt-sep-
» tième d'aoust 1640. Etait signé *Jumaisnil* avec pa-
» raphe. »

⁵⁹ Le seigneur avait en ville une grange située entre l'église paroissiale et le béguinage. En 1547, le duc d'Arschot céda à la commune, l'emplacement de cette grange pour en faire un cimetière, et le terrain du cimetière abandonné, pour y *bastir des maisons*, le tout au prix de cinq carolus d'or et de trois chapons de rente annuellement payables à la Noël. L'ancien cimetière, dont l'entrée était derrière le chœur de l'église paroissiale, occupait l'emplacement sur lequel la rue de France, alors divisée en deux rues, forme un coude. Plus anciennement encore, on enterrait les morts autour de l'église. Lorsque vers 1780, on creusa le canal qui devait conduire l'eau du puits à l'abreuvoir du château, on découvrit vis-à-vis le portail, quantité d'ossemens dispersés et plusieurs squelettes entiers. La sépulture dans les églises ayant été interdite par une déclaration du 10 mars 1776, et la population s'étant accrue, le cimetière parut trop étroit. On résolut de le réserver pour les principaux habitans, ou ceux qui voudraient y acheter un tombeau, et de transporter les autres morts hors de la ville, au sud-ouest, dans une vaste et belle pelouse ombragée de plusieurs avenues de tilleuls aboutissant toutes à un grand calvaire. Mais ce projet resta sans exécution. A quelques pas de la porte du nord, maintenant la porte de Mons, entre la chaussée et la rivière, était un enclos fermé de murs, avec une vieille

chapelle dédiée à tous les saints. C'est là qu'étaient enterrés les militaires qui mouraient à l'hôpital. En 1793, l'ennemi s'étant approché d'Avesnes et donnant des appréhensions, la chapelle et les murs d'enceinte furent rasés. La ville et les environs étaient encombrés de troupes, les hôpitaux concentrés dans la place. Les combats journaliers, les ravages du typhus décuplèrent et bientôt centuplèrent le nombre des cadavres à inhumer. On les entassa pêle-mêle dans le cimetière de la *Chapelle-aux-Saints*, et on ouvrit dans les prairies du voisinage de large fosses communes. On n'en imposa pas moins alors, comme par antiphrase, à ce lieu funèbre, dont le sol était remué tous les jours et presque à toutes les heures, le nom de *Champ-de-Repos*. Il se trouva bientôt insuffisant, même pour les temps ordinaires, et quoiqu'on y ait réuni, par des agrandissemens successifs, les jardins qui le séparaient de la grande route, il est encore aujourd'hui trop étroit. Toutes les personnes qui meurent en ville y sont indistinctement enterrées. Le cimetière de l'intérieur, fermé pendant nombre d'années, ne s'est rouvert que pour être converti en un marché aux bestiaux.

Il n'y a guère plus d'un demi-siècle qu'à la mort d'une jeune fille, les autres se cotisaient pour faire célébrer ses funérailles. On leur distribuait à chacune une médaille portant l'effigie d'une vierge, et au revers le nom de la défunte. Ceux qui avaient assisté au convoi d'une personne à marier, de l'un ou de l'autre sexe, se réunissaient, après la cérémonie, au banquet qui leur était offert par la famille en deuil, et consacraient le reste de la journée à la danse. Cet usage, qui peut aujourd'hui paraître inconvenant, était autrefois commun à la plupart des peuples. Il subsiste encore à la campagne.

60 Il est vraisemblable qu'elle fut fondée, comme le furent beaucoup d'autres, pour l'instruction des jeunes gens destinés à l'état ecclésiastique. Les princes de la maison de Croy la soutinrent par leurs libéralités; les abbayes de Liessies et de Maroilles contribuèrent aux frais d'entretien. Lorsqu'en 1605, il fallut en reconstruire les bâtimens qui tombaient en ruine, ces deux maisons religieuses, le duc d'Arschot et le comte de Solre fournirent la plus grande partie des fonds nécessaires. L'édifice entièrement restauré subsista encore deux siècles et ne fut démoli qu'en 1804. Il était situé dans la rue Sainte-Croix, le long de la rivière, en face du rang de maisons qui recouvre, entre les deux issues inférieures des *Grands-Degrés*, le pied du rocher. On y remarquait, en plusieurs endroits, les armoiries des princes de Croy, incrustées dans les murs.

Il est sorti de cette école beaucoup de bons élèves; néanmoins Avesnes, qui d'ailleurs a donné le jour a tant d'hommes estimables, n'en a produit aucun de marquant, soit dans les lettres, soit dans les sciences. Elle compte quelques écrivains mais qui, nés en d'autres lieux, ne lui ont appartenu, au moins pour la plupart, que comme ayant été compris pendant un temps plus ou moins long, au nombre de ses habitans. Presque tous sont tombés dans l'oubli. On ne se souvient guère en effet de Jean de Houdain, de Nicolas Oran, d'André Couvreur, de Philippe Bosquier, de Gabriel Leclercq, ni de leurs œuvres.

Jean de Houdain était, en 1441, recteur de l'école latine. Il composa une tragédie à l'usage de ses écoliers, et traduisit deux petits livres, le *Décalogue* et le *Symbole* de Mussus, auteur aussi peu connu que son traducteur.

Nicolas Oran, gardien des frères mineurs, publia une *Dissertation sur l'apostasie de Juda*, imprimée à Mons en 1611, et deux recueils de *Sermons* imprimés aussi dans la même ville, le premier en 1615, le second en 1632.

André Couvreur, du tiers-ordre, s'était particulièrement voué à la prédication. Outre le *Triomphe de la Vertu*, publié à Ath en 1618, il donna des explications très-étendues sur le sens mystique de la collecte. On ignore si elles ont été livrées à l'impression.

Le P. Bosquier, autre gardien des franciscains, mort à Avesnes en 1636, a aussi publié plusieurs ouvrages, entre autres une préface historique qui n'est pas dénuée d'intérêt.

Gabriel Leclercq exerça long-temps la médecine à Avesnes. Les désagrémens que lui suscitèrent les nombreux empiriques alors répandus dans le voisinage, le déterminèrent à se retirer à Lille, où il fut chargé du soin des pauvres de la paroisse de Saint-Sauveur. Rappelé par les vœux des habitans d'Avesnes, et l'appas d'un traitement honnête, il revint dans cette ville avec l'intention de s'y fixer et d'y finir ses jours. Voilà ce que lui-même il apprend à ses lecteurs dans la préface de son *Traité des maladies des pauvres*, dédié aux personnes de cette classe, quoique en langue latine. Ce livre a été imprimé à Lille, en 1683.

Antoine Dumées, écrivain laborieux et légiste d'un

mérite distingué, vivra plus long-temps sans doute dans la mémoire de ses concitoyens. Il naquit au château d'Eclaibes, à deux lieues d'Avesnes, mais il vint, jeune encore, habiter cette ville où il exerça divers emplois. Outre ses ouvrages de jurisprudence et ses *Annales*, il reste de lui plusieurs écrits qui n'ont pas été publiés.

On peut ajouter à cette liste Maximilien Fabri, *Doyen honoraire* des bacheliers en droit de l'Université de Douai, avocat aux parlemens de Flandres et de Paris, etc., qui a laissé, en manuscrit, une sorte de glose versifiée des *Coutumes du chef-lieu de Mons*, chef-d'œuvre d'une rare patience et du jargon le plus anti-poétique qu'il soit possible d'imaginer. En voici quelques vers :

> L'âge de vingt-un ans fait puissant le pupille,
> Et celui de dix-huit rend l'orpheline habile
> A vendre, aliéner de ses biens roturiers,
> Par rapport, hypothèque ou par prix en deniers.
> Le marié mineur a le même avantage,
> Mais quoiqu'un orphélin se voie en un moindre âge,
> Il peut aliéner pour un profit plus grand,
> Ses deux plus lignagers d'accord sur ce qu'on vend,
> Et du gré de la loy sous laquelle il réside,
> C'est par décret public que l'achapt en valide,
> La parenté manquant pour l'approbation,
> Le corps municipal la donne en fonction,
> Ayant considéré ce qu'on lui représente,
> Il a droit d'accorder ou refuser la vente.
> Cinq lustres accomplis sont fixés aux Montois
> Pour avoir qualité d'homme usant de ses droits.

Cette glose, avec les commentaires en prose dont

elle est entremêlée, remplit un in-folio de 1,199 pages. L'ouvrage est terminé par ce quatrain :

> Tout honneur, toute gloire au soleil de justice,
> Par l'étude des loix decouvrons la malice,
>   Et que la charmante équité
>   Nous élève à la vérité.

L'école latine, fermée en 1793, fut rouverte en 1806, sous la dénomination d'école secondaire. Elle reprit quelques années après le titre de collège, dont elle avait été long-temps en possession et qu'elle avait pris sans doute depuis l'établissement de l'Université de Douai en 1562.

6: En voici la teneur :

« Philippe, par la grâce de Dieu, roi de Castille,
» de Leon, d'Arragon, d'Angleterre, etc. A tous ceux
» qui ces présentes lettres verront, salut.
» Comme notre très-cher et féal cousin, chevalier
» de notre ordre, messire Philippes duc de Croy, duc
» d'Arschot, etc., à notre requête et pour nous faire
» plus humble service, nous eut liberalement et de
» son bon gré accordé et consenti de nous laisser,
» céder et transporter ses ville, château et banlieue
» d'Avesnes, avec toute jurisdiction tant de justice
» haute, moyenne et basse que autres, ensemble les
» fortifications, artillerie et munitions de guerre, et
» ce qui en depend y étant, pour de tant mieux et à
» notre bon plaisir parachever et parfortifier ladite
» ville, à la tuition, garde et defense de notre pays
» et comté de Haynault, moyennant toutefois que le
» voulions recompenser condignement des grands et

» excessifs fraix et depenses que feu messire Philippes
» de Croy, duc d'Arschot, son feu père y avoit expo-
» sés, avec autres points et articles qu'il nous a fait
» bailler par écrit, savoir faisons que nous, les choses
» dessus dites considérées, et sur icelles eu l'avis,
» premier de nos amés et féaux les chef, trésorier gé-
» néral et commis de nos domaines et finances, et
» après des gens de notre conseil d'état, avons par
» deliberation de haut et puissant prince, notre très-
» cher et très-amé cousin, chevalier de notre ordre,
» lieutenant, gouverneur et capitaine général de nos
» pays de pardeça, le duc de Savoie, accordé avec
» notre cousin le duc d'Arschot, selon et en la ma-
» nière qui s'ensuit, savoir que notre dit cousin cédera
» et transportera pour nous et nos hauts successeurs,
» comte et comtesse de notre dit pays de Haynault per-
» petuellement et à toujours, ladite ville, chastel et
» banlieue d'Avesnes qui se comprendra à un quart
» de lieue à l'entour des fossés de ladite ville, soit que
» du passé ait été de plus grande ou de moindre éten-
» due dont l'abornage se fera par nos commis et de
» notre cousin, avec toute jurisdiction, justice haute,
» moyenne et basse et autres comme ci-dessus sans
» jamais y rien prétendre ni demander, fors quant aux
» revenus ordinaires lesquels demeureront avec la col-
» lation des prebendes et provision des beghines il-
» lecq a notredit cousin, ses hoirs et heritiers, ainsy et
» par la forme et manière que lui et ses prédecesseurs
» en ont toujours joui et possessé et en dignité et à
» titre de pairie sans que rien lui soit diminué, sauf
» seulement (comme dit est), quant à ladite jurisdic-
» tion, haute justice, moyenne, basse et autres qui

» nous demeurent sur tous bourgeois, manans et ha-
» bitans de ladite ville et banlieue excepté seulement
» que ses bailly, prevost, receveur, greffier et sergents
» seront exempts en toutes actions personnelles de
» notre ditte jurisdiction, ne soit pour choses con-
» tractées en délits perpétrés en ladite ville et ban-
» lieue, et pour causes concernant la police et preser-
» vation d'icelle, et que au regard des debtes qu'iceux
» bourgeois, manans et habitans devant à notre dit
» cousin le duc d'Arschot à raison des fermes, censes
» et louages qu'ils tiendront de luy, de ses bois et
» marchandises par eux acheptez, et généralement
» des autres membres de son dit domaine, ils seront
» attrayables pardevant sa justice, sans qu'ils puissent
» pour les cas susdits user d'aucunes exceptions de-
» clinatoires pourvu toutefois et à condition que notre
» dit cousin tienne sa justice en ladite ville et non
» autrement.

» Nous avons aussi accordé à notre dit cousin que
» les manans et habitans du résidu de ladite terre et
» pairie d'Avesnes, demeurant hors de ladite ville et
» banlieue seront à toujours quittes et exempts de faire
» guet en ladite ville comme ils étaient au jour de ce
» present accord, parmi payant la redevance à la-
» quelle passé long-temps, ils se sont pour ce soumis,
» sans néanmoins les relever d'autres subjections soit
» de corvées ou autres quelconques, et en outre
» avons promis et promettons en façon quelconque
» que les gouverneurs, capitaines et soldats qui sont
» et seront à l'avenir commis par nous, nos hoirs,
» successeurs et ayant cause, à la garde, defense et
» tuition de ladite ville, ni les manans, habitans d'i-

» celle fassent aucunes foulles ou dommages auxdits
» manans, de ladite pairie, ni aux bois ni autres do-
» maines de notredit cousin, et que si d'aventure par
» icy après, aucunes foulles ou dommages s'y faisaient
» par nosdits gouverneurs, capitaines et soldats ou
» manans, nous leur ferons incontinent et sans au-
» cune forme de procès réparer et réintegrer et au-
» trement punir les delinquans comme au cas appar-
» tiendra et en pareil, nous à notre dit cousin reci-
» proquement promis, que les manans et habitans
» desdittes ville et banlieue d'Avesnes seront entre-
» tenus en tous tels droits, franchises et liberté qu'ils
» ont es bois dudit Avesnes soit de campagne, paturage
» ou autre, si avant qu'il soit trouvé qu'ils en aient
» aucuns, moyennant lesquels transport et cession de
» la ville, châtel et banlieue d'Avesnes avec toutes ju-
» risdictions, justice haute, moyenne et basse et au-
» tres quelconques non reservées ci-dessus nous avons
» ecclissé et ecclissons le tout du résidu de ladite pai-
» rie, terre et seigneurie d'Avesnes, ensemble les for-
» tifications, artillerie, munitions de guerre et ce qui
» en depend, pour par notre cousin tenir de nous le
» residu comme il faisait auparavant la totalité, et en
» outre lui avons promis et promettons par ces pre-
» sentes de lui payer, et faire payer annuellement par
» notre receveur general de Haynault present et à venir,
» la somme de 8,125 liv. du prix de quarante gros de
» notre monnaie de Flandre la livre à deux termes par
» an à sçavoir au 22e octobre prochainement venant
» et l'autre qui sera le parfait de la première année
» au 22 juin que l'on comptera l'an 1557 et de là en
» avant de terme en terme heritablement à toujours

» jusqu'au rachapt lequel nous ou nosdits hoirs, suc-
» cesseurs comtes et comtesses dudit pays de Haynault
» pourront faire ci-après touttes quantes fois qu'il nous
» plaira de quatre rachapts également qui sera pour
» chacun 32,500 liv. ditte monnoie en payant aussi
» lors la ratte de temps encouru et par-dessus la rente
» annuelle, heritière et perpetuelle desdits 8,135 liv.
» avons encore accordé et accordons par cesdites pre-
» sentes à notredit cousin le duc d'Arschot une pen-
» sion de 1,000 semblables livres sa vie durant que
» voulons lui être payé annuellement par notre rece-
» veur de nos aydes de Haynault present et advenir
» aux termes et à commencer comme dessus, et en
» outre autres 2,000 liv. de pension que precedente-
» ment luy avons accordé jusqu'à notre rappel sur
» notre recette generale des finances, pour la sûreté
» de laquelle susditte rente nous avons obligé, hy-
» potecqué et affecté, obligeons hypothecquons et af-
» fectons notre domaine de nos villes de Mons, Va-
» lenciennes, Ath, le Quesnoy, Landrecies, Braines,
» Bavai, Halle, Condé, Flobecq et Lessines, leurs
» appendances et dependances et generalement tout
» notre domaine de notre pays et comté de Haynault,
» veuillant et consentant que si faute advenait au
» payement de ladite rente au terme que dessus notre
» dit cousin, ses hoirs ou ayant cause pourront pro-
» ceder par execution pour recouvrement de leur deu
» sur telles pièces de notre dit domaine que bon leur
» semblera, laquelle rente nous avons consenti que
» notre dit cousin puisse en tout ou en partie vendre,
» changer, donner ou autrement aliener à tous ceux
» qu'il luy plaira pardevant notaires et temoings, gens

» de loy ou sur les lettres signées de luy et scellées de
» son scel pour par les achepteurs ou donnataires en
» jouir comme de leur propre, à subjection seulement
» d'en pouvoir par nous faire le rachapt au denier
» seize, ou le retenir pour le prix que icelle ou por-
» tion auroit été vendue ou transportée, sans pour ce
» nous payer ou à nos hoirs, successeurs comtes et
» comtesses dudit Haynault aucuns droits seigneuriaux
» de quint, demi-quint ou autre servitude.

» Tous lesquels points et articles nous avons promis
» et promettons à notre cousin, en parole de prince
» et de roi inviolablement et à toujours entretenir,
» garder et observer, sans jamais aller directement ou
» indirectement au contraire. Si donnons en mande-
» ment auxdits de notre conseil d'état et à nos très-
» chers et feaulx les chefs, présidens et gens de nos
» comptes à Lille, grand bailly de Haynault, pairs et
» hommes de fief de notre cour à Mons, receveurs ge-
» neraux de nos domaines et autres dudit Haynault,
» et à tous nos justiciers et officiers qui ce regardera
» leurs lieutenans et chacun d'eux en droit soi et si
» comme à lui appartiendra que desdites rentes et pen-
» sions ainsy que dessus par nous baillées de recom-
» pense à notredit cousin et de tout le contenu en
» ces presentes ils fassent, souffrent et laissent iceluy
» notredit cousin à ses hoirs, successeurs et ayans
» cause hereditablement perpetuellement et à tou-
» jours et aux charges et conditions dessus déclarées
» entierement, pleinement et paisiblement jouir et
» possesser, passant par lesdits de nos comptes les ren-
» tes et pensions susdites es comptes d'iceux receveurs,
» par y rapportant pour la premiere fois ces mêmes

presentes ou copies authentiques d'icelles, et pour
tant de fois que mestier, quittance sur ce servante
tant seulement, sans leur faire mettre ou donner
ne souffrir être fait bruit ou donné aucuns troubles
ou empêchement au contraire, en procédant par
lesdits de nos finances à la vérification, et par lesdits
de nos comptes à l'enterinement de ces presentes selon leur forme et teneur, après touttes fois qu'ils
auront reçu de notredit cousin les transport et cession par œuvres de loy suffisamment et aussy autres
lettres de desheritance de ses comté de Beaumont
et principauté de Chimay qu'il baillera et affectera
pour seureté et garantissement desdites vente et cession pour être mis en garde avec ledit abonnement
en notre trésor des chartes audit Lille, nonobstant
les constitutions, ordonnances et deffenses faittes à
diverses fois sur le fait des restrinctions, aliénations
et autres de notre domaine, les sermens, obligations
et promesses faites par lesdits de nos finances, de
nos comptes et autres nos officiers pour l'entretenement et observation d'icelles, lesquels pour les causes et raisons que dessus et memement que cette
présente constitution de rente et pensions est su-
brogée au lieu de deniers que autrement nous eus-
sions deu debourser pour l'acquest desdittes ville,
chastel, banlieue, fortifications, artillerie et munitions dudit Avesnes et par consequent que ce n'est
proprement alienation ne voulons avoir lieu ny sortir pour ce present acte aucun effect, ains en tant
que mestier seroit de notre science, puissance absolue
et authorité souveraine y avons derogé et derogeons
par ces dittes presentes, en relevant, dispensant et

» déchargeant par icelles lesdits de nos finances, de
» nos comptes et autres nos officiers qui ce regardera
» et chacun d'eux en son endroit des sermens obliga-
» tions et promesses dessus dittes ; icelles ordonnances
» néantmoins demeurantes en tous autres cas en leur
» force et vigueur, nonobstant aussy quelconques
» autres ordonnances, restrinctions, mandemens ou
» deffenses faites à ce contraires. Car ainsi nous plaist-
» il, en temoing de ce nous avons fait mettre notre scel
» à ces presentes données en notre ville de Bruxelles,
» le vingt-deuxieme jour de juin, l'an de grace 1556,
» de nos regnes, à scavoir des Espagnes et Sicile le
» premier, et d'Angleterre, Naples et France le troi-
» sieme. Sur le ply desdittes lettres d'un côté est écrit
» par le roy les seigneurs de Berlaymont de Harchi-
» court chefs, *Pierre Boisset*, tresorier-general, mes-
» sire *Josse de Damhoudere*, chevalier, et *Aubert-
» Vaulve*, commis, et autres presents. Signé *Dover-
» loëpe*. D'autre côté audit ply etoit ecrit : Ces lettres
» apres le fournissement des charges y contenues à
» l'ordonnance de messieurs les president et gens de
» la chambre des comptes du Roy notre Sire à Lille,
» ont été enregistrées en ladite chambre au registre
» des chartres y tenues commençant au mois de juin
» 1558, folio 72 et autres ensuivants avec les lettres et
» titres delivrez par ledit fournissement d'icelles char-
» ges, et au surplus ont été enterinées selon leur
» forme et teneur le dix-huitieme juillet 1558, par
» moy *Singuart*, et étoient scellées du scel de Sa Ma-
» jesté en cire rouge à double queue pendante, etc. »

Messire Josse de Damhoudere est l'auteur d'une *Pratique civile* curieuse.

62 Toutefois les seigneurs d'Avesnes y devinrent dès lors étrangers et les conséquences de leur retraite durent y être sensibles. Si depuis Wederic-le-Barbu jusqu'à Olivier de Bretagne aucun ne s'y fixa, quelques-uns d'entre eux y firent du moins un séjour plus ou moins long. Olivier de Bretagne qui vint s'y réfugier en 1421, s'y tint en quelque sorte enfermé jusqu'à sa mort en 1433. On ne sait où vécut ni où mourut Françoise de Bretagne; le titre des fondations dont l'église d'Avesnes était redevable à la piété de cette princesse est daté de Saint-Sauve, le 24 janvier 1457. Il est probable que Louise d'Albret ne demeura pas constamment à Avesnes, mais elle y passa du moins les dernières années de sa vie. Philippe de Croy, Charles de Croy son successeur, et Philippe de Croy le successeur de Charles y résidèrent quelque temps. Le premier de ces princes fut créé duc d'Arschot, releva les fortifications d'Avesnes, et bâtit le château de Beaumont dont on admirait encore, il n'y a pas quarante ans, les ruines romantiques; il mourut en 1549. Charles de Croy reçut à Beaumont, en 1550, Charles-Quint, Philippe son fils, et leur suite, dans les magnifiques appartemens du château, et vint mourir à Avesnes l'année suivante. Son frère, qui lui succéda, vécut jusqu'en 1595, vendit Avesnes au roi d'Espagne, et joua un grand rôle dans les troubles des Pays-Bas, défendant tour-à-tour les intérêts du monarque et ceux des provinces confédérées, sans démentir jamais son caractère ni varier dans ses sentimens.

La distinction qui, après la prise de possession de la ville au nom de Philippe II, s'établit entre les principaux fonctionnaires, dont les uns devinrent officiers

13.

du roi, les autres restèrent officiers du seigneur, engendra des rivalités, et il est rare que la discorde ne se glisse pas entre des rivaux également jaloux de montrer du zèle et de conserver leurs prérogatives : aussi ne tarda-t-elle pas à éclater entre ces officiers. Un premier différend s'éleva à l'occasion des halles et de la maltote que les officiers du seigneur voulaient retenir, et que ceux du roi prétendaient avoir été comprises dans la cession. Les officiers du roi adressèrent à ce sujet des plaintes au souverain ; les officiers du seigneur se plaignirent à leur tour des prétentions du prévôt au sujet de la juridiction, ensuite des voies de fait du gouverneur au sujet de la chasse ; et malgré de puissantes médiations, la limitation des ressorts, les réparations imposées au gouverneur, jamais il n'y eut de réconciliation sincère ou durable.

63 Ces princes méritèrent le respect des peuples sans pouvoir s'en faire aimer. Elevés à la cour d'Espagne, ils en avaient conservé l'étiquette et leurs manières contrastaient avec les mœurs des habitans de leurs états. La nécessité de fléchir le genou en les abordant humiliait une nation aussi fière que brave. Ils achevèrent de l'indisposer en voulant la soumettre à un genre d'impôts contraire à ses habitudes, la contribution foncière, dont la levée excita des réclamations si pressantes qu'on dut y substituer d'autres impositions peut-être plus onéreuses, mais que les contribuables payèrent avec moins de répugnance.

64 « Elle.. arriva le 20 juillet à Avesnes en Hainaut, » après une marche précipitée de vingt lieues. Le mar-

» quis de Crévecœur, gouverneur d'Avesnes, reçut
» Marie avec tous les honneurs imaginables. Le baron
» de Guépé fut aussitôt dépêché à Bruxelles, pour aver-
» tir l'archiduchesse de l'arrivée de la reine. Le prince
» d'Epinoy, gouverneur de la comté de Hainaut,
» vint prier Sa Majesté d'aller à Mons, capitale de la
» province, où l'archiduchesse Isabelle se disposoit à
» la recevoir..... Elle prit la résolution de se retirer à
» Cologne. Elle y vécut pendant neuf à dix mois, ré-
» duite à la dernière indigence..... Dans l'hiver de
» l'année 1642... elle manqua de bois pour son ap-
» partement, et... on fut obligé de brûler les tables,
» les armoires et les autres meubles qui pouvaient ser-
» vir à faire du feu. Attaquée pendant ce même hiver
» d'une sorte d'hydropisie, elle tomba vers la fin de
» juin dans une fièvre ardente, accompagnée d'une
» soif extraordinaire... La fièvre redoubla si fort la
» nuit du 2 au 3 juillet, qu'elle mourut vers midi. »
(*Mémoires historiques et anecdotes sur les Reines et Régentes de France*, etc., par Dreux du Radier.)

65 Gaston avait quitté la cour quelques mois auparavant et s'était retiré à Orléans d'abord, ensuite en
Lorraine où il épousa Marguerite, la sœur du duc,
mais d'où il fut obligé bientôt après de s'éloigner. Il alla
rejoindre alors sa mère à Bruxelles. « Presque tous les
» disgraciés de la cour de Louis XIII s'y réunirent. »
(Anquetil.)

66 Les principaux conjurés étaient le comte Henri
de Bergues, les princes d'Epinoy et de Barbençon, le
duc de Bournonville, de Carondelet, doyen de l'église

de Cambrai. Dans l'espoir d'engager le duc d'Arschot à se joindre à eux, ils lui découvrirent leurs desseins qu'il révéla lui-même à l'archiduchesse, après en avoir obtenu pour tous la promesse d'un pardon illimité.

⁶⁷ Célèbre partisan qui de garçon cordonnier devint roi de Bohême. *Jean* était son nom, *Wert*, celui du lieu de sa naissance. Les Parisiens le chansonnèrent pour se venger de la peur qu'il leur avait faite.

⁶⁸ « Le cardinal de la Valette... se replia sur Aves-
» nes qui lui tira quelques volées de canon, et rabattit
» tout-à-coup sur La Capelle. » (D. Lelong.)
» A monseigneur, monseigneur le comte de Buc-
» quoy, grand-bailli, capitaine général et souverain
» officier du pays et comté de Haynault. — Remontrent
» humblement les mayeur, échevins et manans et com-
» munauté du village de Saint-Hilaire, terre d'Avesnes,
» qu'ils sont poursuivis par diverses personnes pour
» debtes que leur a convenu faire et supporter tant
» pour les fréquens passages et logement des soldats,
» que pour l'entretenement de leur pont-levis assis sur
» la rivière, contre la France, qui a esté totalement
» ruiné et rompu sur la fin d'aoust 1637; que ledit
» village a esté brulé à l'arrivée de l'ennemy français
» ayant environné ledit Avesnes à dessein de l'assiéger,
» et lequel pont pour la deffense dudit village, assu-
» rance desdits remontrans convient retablir au plus-
» tôt, sy convient-il prestement payer lesdites debtes
» pour éviter les contraintes dont ils sont menacez à
» quoy leur étant impossible de satisfaire ils ont fait
» plusieurs assemblées et eu diverses communications

» par l'intervention et en présence même de leur pas-
» teur pour y aviser et trouver les moyens convenables
» pour y fournir, etc. » (*Requête du 4 avril* 1639.)

6⁹ Ils sont inhumés dans la chapelle de Saint-Nicolas, au pied du mur qui supporte l'épitaphe destinée à éterniser leurs noms et le souvenir d'une amitié si rare. Un tel sujet méritait bien d'être célébré par les prosateurs et chanté par les poëtes. M. de Sacy, de l'académie française, en a enrichi son *Traité de l'Amitié*, et le P. Sidron Hosch en a fait la matière de trois élégies dont la première n'a pas moins de 198 vers.

7⁰ « En 1659, le cardinal Mazarin fit un traité au
» nom du Roi avec dom Louis de Harro, ministre
» d'Espagne, dans lequel traité pour le rétablissement
» de M. le prince de Condé en France, Sa Majesté
» catholique céda au Roi très-chrétien les places d'A-
» vesnes, Marienbourg et Philippeville. » (*Mémoire mss.*)

« La ville d'Avesnes, que le roi d'Espagne se pro-
» posait de donner au prince de Condé pour récom-
» pense de ses services, fut en partie le prix de la
» grâce que le Roi accorda à ce prince, en le ré-
» tablissant en la libre possession et jouissance de tous
» ses biens, honneurs, dignités et priviléges, etc. »
(Dumées, *Annales Belgiques.*)
» Ces dédommagemens *(ceux qui furent accordés*
» *au prince de Condé)*, consistoient dans les villes
» frontières de Rocroi, le Catelet et Linchamp, que
» les Espagnols lui avoient abandonnées suivant les

» conventions de leur traité, et en celle d'Avesnes
» qu'ils y ajoutèrent avec une somme d'argent, et
» qu'il céda au Roi en lui remettant les trois autres. »
(Anquetil.)

7) « Le vicomte de Turenne, général de l'armée du
» Roy, colonel général de la cavallerie, gouverneur
» et lieutenant-général pour Sa Majesté en la province
» de Ham et Bas - Limosin. — Il est ordonné au sieur
» Damoresan commissaire des guerres de s'en aller
» promptement à Saint-Quentin, où estant il ira avec
» le régiment de la marine qui en doit partir le mardi
» neufième de ce mois, et le conduira à Avesnes, et
» se rendra le lendemain mercredi à deux heures de
» ladite place avec le régiment, et le lendemain jeudi
» laissant le régiment à une heure de la place il s'y en
» ira, et estant convenu avec M. le marquis de Carac-
» tène qu'il remettra la place ledict jour de jeudy, il
» la recevra suivant le pouvoir que je luy en donne,
» et y fera entrer le régiment de la marine et y de-
» meurera avec eux jusqu'à ce qu'il en soit autrement
» ordonné par Sa Majesté, ou qu'il n'y ait d'autres
» ordres du Roy, ceci n'estant que par provision. —
» En partant de Saint - Quentin ils iront coucher à
» Neufville-la-Dorene, et le lendemain dans quelque
» village à deux heures d'Avesnes, fait à Paris, le
» sixième mars 1660. Signé *Turenne*.

» Nous commissaire ordinaire des guerres ordonné
» par monseigneur de Turenne général de l'armée du
» Roy pour recevoir la ville d'Avesnes en exécution
» du traité de paix fait entre Sa Majesté et le Roy ca-
» tholique, certifions à qui il conviendra que ce jour-
» d'huy quinzième mars 1660, nous avons pris posses-

» sion de ladite ville, et de l'artillerie et munitions de
» guerre qui se sont trouvez dans la place ledit jour
» dont a esté fait un inventaire, en la présence de
» M. le baron d'Vuang, lequel nous a remis laditte
» place garnie de palissades dans tous ses dehors et
» contrescarpes. En foy de quoy nous avons signé la
» présente certification triple, à Avesnes le vingt-
» sixième jour de mars 1660. — Signé *Damoresan,*
» *Vuanghe.* »

M. Damoresan jouissait d'une grande confiance. Entre autres commissions, il avait été chargé en 1656, de diriger en Catalogne la marche de la cavalerie allant prendre ses quartiers d'hiver dans la Guienne; en 1659, de congédier un corps d'infanterie anglaise à la solde du roi de France; il le fut encore en 1671, de faire procéder, conjointement avec le général des prémontrés, à l'élection d'un abbé de Bonne-Espérance; en 1674, de faire raser les fortifications de Marienbourg. Le Roi le nomma intendant du Hainaut en 1670.

72 « M. le comte Charles de Broglia a esté pourveu
» du gouvernement de ceste ville le vingt deuxième
» jour de mars 1660, et à son entrée en icelle le 27
» avril dudit an il a fait foy de sa commission à MM. du
» Magistrat. » *(Archives de la ville.)*

Quoique réunie à la France par le traité des Pyrénées, Avesnes » continua de faire elle seule un
» gouvernement particulier et indépendant, jusqu'à
» ce que le Roi eut conquis une plus grande partie
» du Hainaut. Alors Sa Majesté réunit le gouverne-
» ment d'Avesnes au gouvernement général militaire

» des provinces de Flandre et de Hainaut. » (Robert
» de Hesseln.) » Cette réunion n'empêcha pas qu'Avesnes n'eût un gouverneur particulier. M. le comte Charles de Broglie en conserva l'emploi jusqu'en 1702, et fut alors remplacé par le marquis de Senonche, son neveu. En 1770, M. de Verceille succéda dans ce gouvernement à M. d'Argousse.

Les villages de *Glageon*, *Floyon*, *Ploy*, *Queverolle*, *Dompierre*, qui étaient autrefois du gouvernement de Maubeuge, furent réunis, en 1686, au gouvernement d'Avesnes, et les villages de *Dimont*, *Dimechaux*, *Limont-Fontaine*, *Saint-Remi-mal-Bâti*, qui étaient alors du gouvernement d'Avesnes, furent réunis au gouvernement de Maubeuge. Les motifs de ce changement sont énoncés en ces termes, dans la déclaration qui l'ordonne :

« Sa Majesté ayant esté informée qu'il y a des vil-
» lages au gouvernement d'Avesnes lesquels sont en-
» clavez dans ceux du gouvernement de Maubeuge et
» d'autres dudit gouvernement de Maubeuge quy en
« sont fort esloignez et mesmes au-dela dudit Avesnes et
» considerant qu'il seroit de son service et pour empes-
» cher toutes contestations entre les gouvernemens de
» ces places pour raison des dépendances desdits vil-
» lages d'affecter à chacune de ces places ceux qui en
» sont les plus voisins. Sa Majesté a ordonné et ordonne
» veut et entend qu'a l'advenir les villages, etc. »

Ploy, aujourd'hui le Plouï, n'est plus qu'un hameau ; Queverolle a cessé d'exister, du moins sous ce nom.

73 Le lieutenant de roi fut nommé en 1660. On lui

adjoignit un sergent-major, en 1663, et un aide-major, capitaine des portes en 1770.

Le sergent-major, ou major de place, « comman- » dait en l'absence du gouverneur et du lieutenant de » roi. » (M. Gueroult jeune, *Dictionnaire abrégé de la France monarchique.*) Ses fonctions étaient celles qu'exerce aujourd'hui un adjudant de place.

Un état dressé en 1750, des officiers alors attachés à la place d'Avesnes comprend :

Le lieutenant de Roi,
Le major,
L'aide-major,
Le commissaire des guerres,
Le directeur du génie,
Le capitaine d'artillerie,
Le garde-magasin d'artillerie,
Le trésorier des troupes,
Le directeur, le contrôleur, le chirurgien-major et le chirurgien-aide-major de l'hôpital;
L'entrepreneur des fournitures des Pavillons,
L'entrepreneur des fournitures des lits aux Casernes,
L'entrepreneur des fortifications,
Le garde-magasin des vivres.

Il s'y trouvait en outre des ingénieurs et d'autres officiers, dont la résidence n'était que temporaire.

73 *bis*. Ce terme qui, dans l'acception la plus générale, s'applique à tous les fonctionnaires assermentés, a beaucoup de significations différentes. Il désigne en cet endroit les officiers municipaux du temps. « Il est » dans les anciennes chartes et dans quelques cou- » tumes parfaitement synonyme avec *consuls, éche-*

» vins, *conseillers de ville*, etc. *(Répertoire universel de Jurisprudence.)*

[74] Le trésorier *massart*, ou simplement le *massart* était le « trésorier des deniers d'une ville. » (D. P. Carpentier, *Glosaire français.*)

[75] Ce changement, ou si l'on veut cette réforme, s'opéra en exécution d'un arrêt du conseil d'état du 28 août 1681, dont voici le préambule et les principales dispositions :

« Le Roy estant en son conseil bien informé que
» le grand nombre d'eschevins dont le magistrat des
» villes frontières de sa province d'Haynault est com-
» posé, au lieu de tourner au bien et avantage des
» villes, cause au reste des habitans d'icelles un grand
» préjudice, au moyen des exemptions dont lesdits
» eschevins jouissent tant à l'égard du logement des
» gens de guerre qui sont en garnison dans lesdites
» villes, que des droits de consomption pour le vin
» et la bierre qui se boivent dans leurs maisons dont
» la charge retombe sur les autres habitans, outre
» que le défaut de trouver dans lesdites villes des gens
» capables pour remplir un si grand nombre de char-
» ges fait qu'elles deviennent perpetuelles en quel-
» ques familles par la difficulté qu'il y a de les renou-
» veller, à quoi Sa Majesté jugeant nécessaire à son
» service et au bien du publicq desdites villes de re-
» medier en reduisant ledit magistrat au nombre d'es-
» chevins nécessaires pour les affaires desdites villes et
» règlant de maniere toutes choses sur ce sujet qu'il
» ne puisse arriver de desordre ny d'inconvenient. Sa

» Majesté étant en conseil a ordonné et ordonne ce
» qui suit :
» Que doresnavant il ne pourra avoir dans les villes
» du Quesnoy, Landrecy, Maubeuge et Avesnes que
» quatre eschevins qui exerceront lesdites charges pen-
» dant quatre années consécutives et lesquels garde-
» ront entre eux pour l'ordre de leurs séances et de
» leur marche celuy de leur élection.
» Qu'à cet effet le lendemain de la publication du
» présent arrêté, Sa Majesté veut et entend qu'il soit
» procédé à la réduction du nombre d'eschevins dont
» le magistrat est présentement composé à celui de
» quatre en chacune desdites villes du Quesnoy, de
» Landrecy, de Maubeuge et d'Avesnes,
» Qu'afin que le magistrat desdites villes se trouve
» toujours composé de personnes instruites des af-
» faires de la communauté et que dudit nombre de
» quatre il y en ait toujours deux anciens et deux nou-
» veaux, Sa Majesté veut qu'au jour que la promotion
» des eschevins a accoustumé d'être faite en chacune
» desdites villes, les deux plus anciens des quatre re-
» servez en icelles sortent de charges et qu'il soit pro-
» cédé au choix de deux nouveaux eschevins pour
» remplir leur place, et qu'ainsy tous les deux ans il
» soit fait eslection de deux eschevins pour succéder à
» ceux qui auroient achevé les quatre années de leur
» magistrature,
» Qu'à l'égard de ladite ville de Maubeuge comme
» Sa Majesté a esté bien informée que la dame Abbesse
» du chapitre de Saincte-Aldegonde de ladite ville,
» est en possession suivant les concessions que les roys
» catholiques lui en ont accordé de nommer concur-

» remment avec eux la moitié des eschevins, Sa Ma-
» jesté trouve bon qu'elle continue de nommer un des
» deux eschevins chaque année lorsque le renouvelle-
» ment s'en fera,

» Veut Sa Majesté qu'à l'exemple de la ville du
» Quesnoy il y ait dans lesdites villes de Landrecy,
» d'Avesnes et de Maubeuge un mayeur qui sera le
» chef du magistrat lequel présidera aux assemblées
» particulieres de l'Hôtel-de-Ville et exercera ladite
» charge aux mesmes droits, honneurs, proufitz et
» émolumens attribuez à celuy de la ville du Quesnoy,
» duquel mayeur en chacune desdites villes de Lan-
» drecy, Avesnes et Maubeuge, Sa Majesté se réserve
» la nomination et de luy en faire expédier des pro-
» visions pour exercer ladite charge pendant le temps
» qu'il plaira à Sa Majesté,

» Et d'autant que Sa Majesté a été informée que
» ceux qui font sous le nom de massard la recette des
» deniers publicqs dans lesdites villes du Quesnoy,
» Landrecy, Avesnes et Maubeuge se trouvant sou-
» vent reliquataires de sommes considérables qu'ils
» ne sont pas en estat de payer et que le choix
» qui se fait desdits receveurs n'est que par brigue
» à cause du maniement et du trafficq qu'on y peut
» faire des deniers de la communauté ou à cause des
» gaiges ou droicts qu'on a accoutumé d'y attribuer,
» Sa Majesté pour remedier à cet abus et pourvoir à
» ce qu'il ne soit nommé à ces employs que des per-
» sonnes solvables et de probité reconnue par les suf-
» frages publicqs de tous les habitans veut et entend
» que le massard desdites villes soit choisy par le ma-
» gistrat en pleine assemblée desdits habitans en pré-

» sence de l'intendant de la justice, police et finances
» audit pays d'Haynault, etc. »

Le gouverneur de la ville, investi d'une dignité judiciaire, cessa de prendre part aux délibérations municipales. La place de mayeur devint héréditaire, et la nomination des quatre échevins fut abandonnée à l'intendant de la province. Bientôt on crut s'apercevoir que la réduction avait été trop forte et que le service pouvait en souffrir, on créa une charge de lieutenant-mayeur et on adjoignit deux assesseurs au corps des échevins. Le ressort de l'Hôtel-de-Ville était circonscrit dans les limites d'un quart de lieue à la ronde, à partir des murs de la place. A dater de 1660, il ne resta plus dans les attributions judiciaires du *magistrat* que les affaires de police, les actes de la juridiction officieuse, et la faculté de recevoir toute sorte de contrats ; encore voulut-on la lui contester, mais une ordonnance de l'intendant le maintint dans son droit. « Nous... conformément à l'édit du mois d'avril 1675 et à l'ordonnance rendue par M. de Bagnols *(intendant de Flandre)* le 29 septembre 1685, Ordonnons que les magistrats des villes demeureront dans le droit et la possession de recevoir les actes et contrats.... sous le scel de la ville..... 16 juin 1741. Signé *De Sechelle*. »

76 La chicane, suivant un intendant du Hainaut, M. Faultrier, y était alors *plus dangereuse et plus opiniâtre que dans la Normandie, et que dans le Mayne, quoiqu'elle n'y fût pas si sçavante et qu'elle y fût bien plus chère. Mais le pays était si stérile en gens qui pussent rendre la justice aux*

autres, *qu'il* fallait *convoquer l'arrière-ban de tous les gradués* quand on devait en *assembler autant que l'ordonnance en* prescrivait *pour juger les cas prévôtaux.*

On comptait au nombre des membres du baillage ou des officiers attachés à ce tribunal :

Un bailli d'honneur,
Un lieutenant-général civil et criminel,
Un lieutenant particulier,
Quatre conseillers,
Un conseiller avocat du Roi ayant voix délibérative dans les affaires où Sa Majesté n'avait pas d'intérêt,
Un conseiller procureur du Roi,
Un greffier civil et criminel,
Six notaires,
Un premier huissier audiencier,
Deux autres huissiers,
Quatre sergens exploitant partout le royaume.

Ce nombre s'accrut par suite des dispositions d'un édit de 1692 en exécution desquelles on nomma :

Un receveur des consignations,
Un receveur des épices,
Un commissaire aux saisies réelles,
Un contrôleur aux mêmes saisies,
Six procureurs,
Un conseiller garde scel,
Un contrôleur des taxes des dépens,
Un garde-note.

La dignité de bailli d'honneur fut conférée au gouverneur de la ville, et le prévôt devint lieutenant-général. Un grand nombre des autres charges étaient encore vacantes au bout de vingt ans.

Le baillage royal, dont le ressort n'avait pas de limites bien déterminées, connaissait par prévention, comme juge supérieur, des procès de la ville, des banlieues et des vingt-huit villages de la seigneurie, et par appel, des sentences du baillage de la terre et pairie, de même que de celles des prévôtés de Givet, Philippeville, Marienbourg et Frasne. Les appels des sentences du baillage royal furent portés au parlement de Metz jusqu'en 1678, ensuite au conseil souverain de Tournai, qui prit en 1684, le titre de conseil supérieur et fut érigé en parlement en 1686. Tournai ayant été reconquis par les alliés en 1709, on transfera le parlement à Cambrai, et au titre modeste de parlement de Tournai, qui lui avait été donné dans l'édit de création, on substitua, dans l'édit de translation, le titre plus imposant de parlement de Flandres. De Cambrai, le parlement de Flandres passa, en vertu d'un édit du mois de décembre 1713, à Douai, où il se fixa. Ainsi, les justiciables du baillage d'Avesnes, mécontens de ses sentences, durent aller successivement solliciter le redressement de leurs griefs à Metz, à Tournai, à Cambrai, et enfin à Douai.

Ce baillage ne put jamais obtenir un auditoire convenable.

« En 1661, au mois de novembre, le roi donna un
» édit portant création du baillage en cette ville pour
» y rendre la justice au lieu et place du gouverneur et
» du prévôt, qui exerçoient cette fonction sous la do-
» mination espagnole. La place de bailli d'épée fut dès-
» lors remplie et l'est encore aujourd'hui par le gou-
» verneur au nom de qui toutes les sentences s'intitu-
» lent. — Dans les premières années, les officiers du

» baillage tinrent leurs séances au *Gouvernement*.
» Soit que MM. de Broglie aient eu besoin de leurs
» appartemens ou que le lieutenant général du siége
» ait préféré rendre la justice chez lui sans déplacer,
» ces officiers depuis long-temps ont cessé d'avoir dans
» le gouvernement les places qu'ils y occupoient. Leurs
» audiences depuis lors se tiennent chez le greffier,
» dans une chambre uniquement destinée à cet usage,
» et à cause de laquelle ce greffier est exempt du lo-
» gement des gens de guerre, en vertu d'une ordon-
» nance rendue par M. de Sechelle (*alors intendant
du Hainaut*). Je ne vois pas pourquoi MM. du bail-
» lage n'y tiennent pas aussi leurs séances pour rendre
» la justice et juger les procès par écrit... Mais M. le
» lieutenant général s'obstine à vouloir rester chez lui
» où il rend la justice et tient ses séances la plupart
» du temps en robe de chambre et en bonnet de nuit,
» malgré les représentations des autres officiers du
» corps et des avocats assumés, qui sentent toute l'in-
» décence d'une pareille conduite, qui s'en plaignent,
» et qui citent inutilement la disposition précise de
» divers arrêts du parlement, entre autres celui rendu
» depuis peu entre le lieutenant général d'une part et
» les autres officiers du siége d'autre part. — Dans ces
» circonstances j'ai toujours trouvé assez étrange que
» lesdits officiers ne s'adressassent pas au gouverneur
» de la place qui est leur chef pour obtenir de lui deux
» chambres au gouvernement qu'il vient d'accorder
» depuis quelques mois à un vicaire de la paroisse :
» c'est le véritable lieu où les officiers du roi devroient
» exercer leurs fonctions. Si cet expédient n'est pas
» praticable ils pourroient continuer de tenir leurs

» audiences dans la chambre du greffier et il convien-
» droit que vous leur ordonnassiez d'y tenir aussi leurs
» séances pour juger les procès par écrit, et d'y être
» avec toute la décence qu'exigent les arrêts du par-
» lement en forme de réglements. Je ne trouve qu'une
» petite difficulté : c'est à l'égard des décrets des biens
» immeubles qui, suivant la coutume, doivent être
» passés dans la place publique. Les officiers du bail-
» lage, en vaquant à ces fonctions, sont obligés de
» s'assembler dans une boutique d'épicier placée sur
» la place où ils reçoivent les enchères, tandis que
» tous les assistans sont au milieu de la place exposés
» aux injures de l'air et obligés de s'en aller tous quand
» il tombe de la pluie ou de la neige. Je ne vois qu'un
» moyen pour remédier à cet inconvénient qui seroit
» de leur accorder, pour les décrets seulement, la
» chambre des plaids de l'Hôtel-de-Ville où les officiers
» du baillage se tiendroient pendant que le peuple
» occuperoit le grand vestibule. Je ne vois point d'in-
» convenient à leur accorder cette chambre les lundi
» de chaque semaine, à trois heures de l'après midi
» lorsqu'il y a des décrets. — Par rapport aux affaires
» criminelles, comme les prisons se trouvent dans la
» cour de l'Hôtel-de-Ville, il a toujours été d'usage
» de leur accorder le grand salon pour y tenir leurs
» séances : je pense, Monseigneur, qu'il conviendra
» de laisser subsister cet usage et que vous ayez la
» bonté d'en faire mention dans votre ordonnance,
» en prononçant sur les autres chefs. » (*Correspondance de* Dumées, *inédite* : *Lettre du* 10 *mars* 1757, *adressée à l'intendant du Hainaut.*)

Au temps où Dumées écrivoit, les gouverneurs

d'Avesnes avoient le château pour hôtel, et c'est cet ancien manoir seigneurial qu'il nomme *gouvernement*.

Le tribunal qui, avec les justices de paix, remplaça le baillage, les prevôtés et toutes les juridictions comprises dans la circonscription nouvelle à laquelle on appliqua le nom de *district*, tint d'abord ses audiences à l'Hôtel-de-Ville, et fut ensuite transféré dans la maison où logeait auparavant le lieutenant de roi, au bout de la rue nommée aujourd'hui *rue d'Albret*. Lorsqu'après une longue vacance, durant laquelle il ne resta par département qu'un tribunal, concentré au chef-lieu, il en eut été établi un dans chaque arrondissement, celui qui le fut à Avesnes, siégea au château. Cet édifice ayant été détruit en 1815 par l'effet de l'explosion de l'un des magasins à poudre, les audiences du tribunal se tinrent dans la grande salle de l'Hôtel-de-Ville, jusque vers la fin de 1829 qu'il fut installé au palais où il siège maintenant.

Le palais de justice s'élève sur l'emplacement des cuisines et de la chapelle du château. Quoique d'une structure singulière, il est néanmoins d'un aspect gracieux; les décombres, les murs délabrés, les lourdes maçonneries qui l'avoisinent, en font ressortir avantageusement les formes élégantes et variées. Deux percées, l'une à droite l'autre à gauche, sur des prairies çà et là couvertes d'arbres hauts et touffus, donnent à cette perspective un véritable charme. Le péristyle, composé de six colonnes canelées et de quatre pilastres qui soutiennent un fronton triangulaire, a de la noblesse. La salle d'audience est spacieuse mais incommode : la voix des orateurs s'y perd dans le vide; on y gèle l'hiver; on y étouffe l'été. La distribution des autres pièces de l'intérieur n'est pas moins vicieuse. Il est peu d'édifices qui, avec des apparences plus agréables, soient moins propres à l'usage auquel ils sont destinés.

L'arrondissement d'Avesnes renferme les *districts* d'Avesnes et du Quesnoy. Le tribunal de chacun de ces *districts* était composé de cinq juges, de quatre suppléans, d'un commissaire du gouvernement et d'un greffier. Trois juges, autant de suppléans, un procureur du roi, un substitut et un greffier composent le tribunal d'arrondissement qui, connaissant des affaires civiles, des affaires de commerce, des affaires de police correctionnelle, est en outre chargé de l'instruction de celles qui doivent être portées à la cour d'assises.

77 Le siège de maréchaussée fut établi en 1773, par un édit du mois d'octobre, enregistré en décembre au conseil supérieur de Douai. Il était composé d'un prévôt non résident, d'un lieutenant-prévôt, d'un conseiller assesseur, d'un procureur du roi et d'un greffier. Landrecies, Maubeuge, Givet, Philippeville, Marienbourg, Barbençon, Solre-le-Château, Trélon et Fumay étaient compris dans la juridiction de cette prévôté, dont le ressort fut distrait de celui de la prévôté de Valenciennes, devenue insuffisante par l'accumulation des affaires. Le même prévôt les présidait toutes deux : celle de Valenciennes en personne; celle d'Avesnes, par son lieutenant.

78 Ce baillage était composé d'un grand-bailli ou grand-prévôt, d'un lieutenant-bailli ou lieutenant-pré-

vôt, d'un procureur fiscal et domanial, d'un receveur général, d'un greffier civil et criminel, d'un greffier des eaux-et-forêts, d'un capitaine général forestier et d'un garde général. Il exerçait la haute, la moyenne et la basse justice dans les vingt-huit villages de la terre. Le grand-bailli et son lieutenant présidaient la cour féodale, dont la juridiction s'étendait non-seulement sur les fiefs dépendans de la seigneurie, mais encore sur ceux qui relevaient des terres de Chimai et de Beaumont. Ils étaient en outre chargés de l'administration et de la police des forêts seigneuriales.

Avant le traité des Pyrénées, qui fit passer Avesnes sous la domination du roi de France, « la justice or-
» dinaire y était exercée par un officier du seigneur
» sous le nom de prévôt, lequel connoissoit seul des
» cas de haute justice, et des causes de la moyenne et
» basse justice avec sept échevins qu'il nommoit et
» qu'on appeloit gens de loi. Le prévôt avoit un gref-
» fier qui redigeoit et expedioit tous les actes de la
» haute, de la moyenne et de la basse justice. » (Dumées et Faussabry, *Mémoire mss, sur les jurisdictions du Hainaut.*)

» Pour parler de cette justice en général *(celle de
» la partie du Hainaut cédée à la France)*, il n'y
» en a point de réglée, quoique la coutume en éta-
» blisse trois sortes, une foncière, c'est la loy qui
» l'exerce, c'est-à dire, les sindics des païsans, sous le
» nom de mayeur et d'échevins, une féodale, c'est
» encore un autre tribunal difficile à définir, car non
» seulement ils connoissent de ce qui est entre le vas-
» sal et le seigneur dominant pour la mouvance et les
» droits seigneuriaux, mais il est juge aussi des actions

» que les créanciers du vassal exercent sur son fief. Il
» y a enfin la *hauteur*, c'est le nom de la justice or-
» dinaire ; peu de seigneurs sçavent s'ils l'ont car la
» coutume du Hainaut attribue presque tout à la cour
» de Mons, et ce qu'elle n'a pas par attribution, elle
» l'a par prévention. » (*Mémoire* de l'abbé Faultrier,
intendant de la province du Hainaut, adressé au contrôleur général en 1687.)

79 On nommait ainsi le district dans lequel s'exerçait l'autorité du subdélégué, officier commis par un
intendant « pour faire exécuter les ordres du Roi, et
» veiller au maintien de l'ordre et à ce qui *pouvait*
» intéresser le service de l'état dans les parties sur les-
» quelles cet intendant *avait* juridiction. » *(Répertoire universel de jurisprudence.)*
L'intendant du Hainaut eut d'abord sa résidence,
ou du moins son hôtel et ses bureaux à Maubeuge,
« ville très-ancienne, capitale de la province. » (R. de
Hesseln.) Ce titre fut depuis conféré à la ville de
Valenciennes où fut aussi transférée l'intendance.

80 Avesnes qui avait été comprise dans la généra-
lité de Cambrai, le fut ensuite dans celle de Valenciennes.

81 Un marchand de drap, de la ville de Mons,
acheta du seigneur d'Avesnes le droit, érigé en fief
ample, de lever un tribut, soit en nature, soit en
argent, sur chaque voiture de denrées ou de marchandises qui entrait en ville : un fagot sur une voiture de fagots, une bûche sur une voiture de bois à

brûler, sur toute autre un denier; à la charge de faire ouvrir les portes avant et de les faire fermer après le magistrat, avec une clef particulière dont le possesseur de ce fief devait avoir la garde. Il est vraisemblable que le fief s'anéantit dès qu'il devint impossible d'en remplir les devoirs; toutefois, allèchés par la docilité avec laquelle les voituriers, qui amenaient des fagots ou du bois à brûler, souffraient la perception du droit, les consignes continuèrent de le prélever, mais cessèrent d'en rendre compte. L'intendant Voysin, ayant eu connaissance de cette particularité, rendit l'ordonnance suivante : « Estant informé que les con-
» signes establis aux portes d'Avesnes prennent de leur
» propre authorité et sans aucun titre deux bûches
» sur chaque chariot de bois qui entre dans la ville,
» et un gros fagot ou deux petits pareillement sur
» chaque chariot chargé de fagots, que les magistrats
» de ladite ville qui auroient dû s'opposer à la levée
» dudit droit en profitent d'une partie qu'ils appli-
» quent à leur chauffage, le surplus demeurant au
» profit desdits consignes, et une pareille levée qui se
» fait sans l'authorité du Roy, qui est contraire à la
» liberté publique et tourne à la charge des habitans,
» ne pouvant être tolérée, Nous faisons très expresses
» défenses tant aux consignes qu'à toutes autres per-
» sonnes de prendre à l'avenir à l'entrée des portes de
» la ville aucune bûche ni fagots sur les chariots de
» bois qui y entrent, sous peine de restitution du qua-
» druple et de vingt livres d'amende. — Maubeuge,
» le 16 janvier 1698. »

[82] Le guet n'était, du moins en dernier lieu, ni,

comme en plusieurs endroits, une garde armée, ni, comme dans quelques autres, un crieur d'heures, ni même précisément, comme au moyen âge, un enfant placé sur un donjon avec son cor : c'était un mercenaire salarié pour rester jour et nuit en observation dans une lanterne, au haut du clocher, d'où il devait signaler l'approche d'une troupe en sonnant du cornet, et la manifestation d'un incendie en sonnant le tocsin. Afin qu'on pût être assuré de sa vigilance, il était, chaque fois que le marteau venait d'annoncer l'heure, obligé de la répéter sur une autre cloche.

Des troupes réglées remplacèrent la garde urbaine.

83 « Le Roi alla à Avesnes, où on fit venir la Reine » et Mme de Montespan. Feu Madame persuada à » Mlle de La Vallière, qui était à Mouchi, de suivre » la Reine, et lui prêta un carosse. » (J. Racine, *fragmens historiques.*)

84 « Nous partîmes de Saint-Quentin par un temps » effroyable. Quelque incommodité que je pusse avoir, » j'étois satisfaite parce que je voyois tous les jours » tout ce que j'aimois au monde. Le Roi a toujours » été et est encore ma première passion; M. de Lauzun » la seconde ; et je dois assurer que je sais que lui- » même pense ainsi que moi pour le Roi. Le mauvais » temps et l'horrible pluie qui tomboit mirent tous » les équipages en désordre ; de tout cela rien ne me » touchoit que de voir M. de Lauzun à cheval, et » lorsque pour parler au Roi, il s'approchoit de lui, » le chapeau à la main, je ne pouvois m'empêcher de » lui dire : Faites-lui remettre son chapeau. Je fus

» encore occupée de la longueur du chemin que le
» Roi trouva qu'on lui faisoit faire ; j'appréhendois
» qu'il n'en blamât M. de Lauzun ; je fus toute con-
» solée quand le Roi me dit que c'étoit M. de Louvois
» qui avoit réglé la route. Lorsque nous fûmes à une
» demi-lieue de Landrecy, le fils de Rouserolles, qui
» en étoit gouverneur, vint dire que la rivière étoit
» debordée; qu'on ne pouvoit la passer; que Bouli-
» gneux avoit failli se noyer. Après avoir tenté inutile-
» ment de la passer plus haut, il fallut revenir cou-
» cher dans une espèce de grange, sans avoir ni les
» femmes de la Reine ni les miennes ; j'y trouvai M. de
» Villeroi, à qui Monsieur disoit qu'il n'avoit rien vu
» de si affreux que M. de Lauzun pendant la grande
» pluie. Nous allâmes dans la maison où étoit le Roi,
» pour manger un souper fort maigre et bien froid. Il
» n'y eut jamais un tel repas; de deux à deux, on pre.
» noit un poulet, un par une cuisse, et l'autre tiroit,
» afin de se servir du couteau. La confusion ne fut
» pas moins plaisante par le mélange des lits dans une
» même chambre. Romecourt avoit prêté des matelas,
» qu'on avoit étendus à terre, pour se coucher tout
» habillé ; la Reine trouvoit que c'étoit indécent ; le
» Roi me demanda mon sentiment ; je lui répondis
» qu'il n'y avoit aucun mal que lui, Monsieur et cinq
» ou six autres que nous étions, nous nous missions
» tout habillés dessus ces matelas. La Reine en convint
» et nous nous couchâmes. Les grands seigneurs et
» les officiers du Roi étoient dans une chambre, qui
» étoit tout auprès. M. de Lauzun s'y étoit mis ; on
» passoit à tout moment pour lui aller demander ses
» ordres ; le Roi lui dit : Faites percer la chambre par

» derrière, afin d'y donner vos ordres par le trou,
» pour ne point passer par celle-ci. A quatre heures
» M. de Louvois vint dire que le pont étoit fait; on
» dormoit. Breuilly, aide-major des gardes, lui dit que
» le Roi dormoit : moi qui étois mal à mon aise, et
» qui concevois qu'on seroit mieux dans la ville, je
» dis au Roi, assez haut pour le pouvoir éveiller, que
» M. de Louvois demandoit à lui parler; sitôt qu'il lui
» eut dit que le pont étoit achevé, nous montâmes en
» carosse, et nous allâmes nous coucher dans la ville.
» Les dames qui avoient coutume de mettre du rouge
« parurent ce jour-là bien flétries; j'étois celle qui pa-
» roissoit le moins défigurée. J'allai dès le soir chez la
» Reine, où je trouvai M. de Lauzun; je causai avec
» lui : il me dit que je lui avois fait une peine mortelle
» de dire si souvent au Roi de lui faire mettre son
» chapeau, et qu'il avoit aussi extrêmement souffert
» de ce que je m'étois plaint du chemin, et du temps
» qu'il faisoit; que j'avois inquiété le Roi, et qu'une
» autrefois je devois me contenir. Il me fit mille le-
» çons semblables, qui m'ont été utiles, parce que je
» me suis étudiée à avoir plus de discretion. Il ne
» trouvoit jamais d'occasion de me parler du Roi,
» qu'il ne le fît avec une tendresse qui redoubloit la
» mienne pour lui. J'entendis une conversation qu'il
» eut avec Sa Majesté pour un major de dragons,
» nommé La Motte, qu'il vouloit faire brigadier dans
» les gardes-du-corps; le Roi lui fit quelques diffi-
» cultés; il lui dit tant de bien de cet homme, et le
» pressa avec des manières si respectueuses, qu'il ob-
» tint ce qu'il désiroit. Je m'apperçus que le Roi avoit
» infiniment de bonté pour lui, et j'avoue que cela

» me fit un grand plaisir, parce qu'il me sembloit que
» mon goût étoit bon, puisqu'il se trouvoit conforme
» à celui de Sa Majesté. » (*Mémoires de* Mlle *de
Montpensier, petite-fille de Henri IV, etc.*)

Mlle de Montpensier n'est d'accord ni avec Racine ni avec l'auteur des Mémoires attribués à Louis XIV, qui tous deux font partir le monarque de Charleroi pour venir rejoindre la Reine et son cortège à Avesnes. Mais en parlant de ce qu'elle a vu, de ce qu'elle a entendu, des impressions qu'elle a reçues, d'aventures où elle a été mêlée et dont toutes les circonstances sont restées vivement empreintes dans sa mémoire, Mlle de Montpensier ne doit pas mériter moins de croyance que l'historiographe ou l'auteur pseudonyme écrivant l'un et l'autre sur la foi d'autrui.

Peut-être Mlle de La Vallière, ne rejoignit-elle la cour que dans Avesnes ; quoiqu'il en soit, on ne peut ce semble rapporter à ce voyage l'anecdote suivante :
« Louis XIV, dans le fort de ses amours avec Mme de
» La Valière, qui l'aimait tendrement, se fâcha parce
» que cette dame s'était présentée à lui avant la Reine,
» dans son voyage à l'armée de Flandre. » (*Mémoires
sur Mirabeau et son époque.*)

85 « L'on séjourna trois ou quatre jours à Landrecy,
» Lorsque nous sortîmes nous trouvâmes un régiment
» de dragons, je savais que M. de Lauzun les y en-
» voyeroit : quelque pluie qu'il pût faire, je ne laissai
» pas que de les regarder et de trouver occasion d'en
» dire du bien. Le Roi appela M. de Lauzun pour lui
» donner quelques ordres, et lui dit : Ma cousine a
» beaucoup loué les dragons. Je fus bien aise que le

» Roi lui-même me servit d'interprète pour lui faire
» connoître que je ne perdrois pas une occasion de
» parler de tout ce que je savois lui devoir faire plai-
» sir. Le Roi le demandoit souvent. Lorsqu'il lui avoit
» rendu compte des ordres qu'il avoit exécutés, et
» qu'il s'en étoit allé, il nous disoit qu'il n'avoit ja-
» mais vu un homme si exact, qui entendît si bien ce
» qu'il falloit faire, qu'il faisoit tout d'une manière
» différente de celle des autres gens. Quand nous fû-
» mes arrivés à Avesnes, il faisoit encore un temps
» épouvantable. De crainte que M. de Lauzun n'allât
» coucher au camp, je dis au Roi qu'il devoit avoir
» pitié de ses troupes, qu'elles souffriroient extrême-
» ment s'il les laissoit camper, qu'il feroit bien de
» les faire rentrer dans la ville. Le Roi trouva que
» j'avois raison, et ordonna qu'elles fussent mises à
» couvert. Le soir, la Reine commençoit à jouer,
» M. de Lauzun entra dans sa chambre, j'étois à une
» fenêtre où j'attendois avec impatience s'il vien-
» droit; il étoit avec le comte d'Ayen. Je lui dis qu'il
» venoit tout à propos pour m'empêcher de m'en-
» nuyer, que je n'avois personne à qui je pusse parler.
» Vous pouvez retenir le comte d'Ayen, me dit-il,
» parce que je ne serai ici qu'un moment, il faut que
» j'aille trouver l'ambassadeur de Venise qui va dans
» mon carosse, et qui est demeuré seul chez moi.
» Quoiqu'il dît, je m'en vais, il ne laissa pas de de-
» meurer en tiers avec le comte d'Ayen, et ce dernier
» me quitta avant lui. Lorsque M. le comte d'Ayen
» fut parti, il me remercia d'avoir fait mettre les trou-
» pes à couvert, et me dit qu'il savoit bien que je ne
» l'avois demandé au Roi que par la bonté de mon

» cœur, et par une charité qui me faisoit compatir
» aux maux de mon prochain. Il me tint là-dessus les
» plus beaux discours du monde. » (Mlle de Mont-
» pensier.)

⁸⁶ M. Barrière, *La Cour et la Ville*.— *Ou que ne
sachant trop comment s'y prendre pour laisser
échapper le secret de son amour, elle souffla tout à
coup sur une glace de l'appartement et y traça
avec le doigt le nom qu'elle adorait.* (L. T.)

» J'amenai la conversation de façon à lui demander
» s'il n'avoit pas envie de se marier. Ne vous en a-t-on
» jamais parlé, lui dis-je? Il me répondit qu'on lui
» avoit une fois proposé un mariage, qu'il en avoit
» toujours été éloigné; que s'il songeoit jamais à se
» marier, ce seroit la vertu de la demoiselle qui le ten-
» teroit: si elle avoit, me dit-il, la moindre faute à se
» reprocher, eût-elle tout le bien du monde, je n'en
» voudrois pas; et je vous dis que, quand ce seroit
» vous-même qui êtes une grande dame, je ne vous
» épouserois pas si vous n'étiez pas vertueuse, et que
» je n'eusse de l'amitié pour vous. Je lui répondis:
» dites-vous bien vrai? si cela étoit je pense que je
» vous aimerois encore mieux que je ne fais. Oui,
» repliqua-t-il, je vous dis encore une fois que j'aime-
» rois mieux être mort que d'épouser une personne
» dont la réputation seroit le moins du monde atta-
» quée par qui que ce fût. Je lui dis, vous voudriez
» donc bien de moi, car sûrement je suis sage, et je
» ne crois pas avoir rien qui vous puisse déplaire. Il
» me répondit: je vous prie de ne pas me faire de
» semblables contes, dans le moment où je vous parle

» de l'affaire du monde la plus sérieuse. Puisque vous
» voulez que nous soyons sérieux, je vous prie, lui
» dis-je, de me dire si vous ne voulez pas enfin me
» conseiller ce que je dois faire. Puis ne faisant pas
» semblant de m'entendre, il répliqua : je me suis ou-
» blié ici, mon ambassadeur m'attend, je ne suis pas
» en état de parler d'affaires, je m'en vais. Rochefort
» entra que nous étions auprès de la porte ; il lui dit :
» vous arrivez tout à propos pour entretenir Mademoi-
» selle, vous le ferez plus agréablement que moi. Avec
» toute l'impatience qu'il avoit de s'en aller, il étoit
» demeuré trois bonnes heures ; je restai assez de
» temps à causer avec Rochefort pour qu'on ne vit
» point trop de préférence dans ma conduite avec
» Lauzun. » (Mlle de Montpensier.)

87 Sorte d'hommage qui consiste à offrir au personnage à qui on l'adresse du vin et d'autres rafraîchis-
semens.

88 « A la gloire, aux plaisirs, à la grandeur, à la
» galanterie, qui occupèrent les premières années de
» ce gouvernement, Louis XIV voulut joindre les
» douceurs de l'amitié. » (Voltaire, le *Siècle de
Louis XIV.*)

89 Les motifs de réjouissances se multiplièrent tellement que, dans l'espace d'un petit nombre d'années,
on alluma dix ou douze de ces feux. Ils consistaient
dans une pyramide de tonneaux de différentes dimensions, peints aux armes de France, remplis de matières combustibles et disposés artistement sur une

charpente. L'honneur d'y mettre le feu était une distinction que les principaux officiers civils et militaires se disputèrent quelquefois très-vivement. Dans cette occasion, outre celui qui avait été élevé dans la place publique, les habitans en allumèrent spontanément, dans chaque carrefour, de moins solennels, de moins artistement disposés, mais qui décélaient d'une manière non moins expressive la joie publique.

9° « Messieurs du magistrat de cette ville pour témoi-
» gner que cette paix leur étoit agréable et les grands
» plaisir et contentement qu'ils en ressentoient, fi-
» rent, à la vue des ordres du Roy, chanter le *Te*
» *Deum* solennellement en l'église collégiale de Saint-
» Nicolas, le troisième jour de juin 1666, sur les cinq
» heures après-midy, sur le soir fut dressé un grand
» feu devant l'Hostel-de-Ville qui brûla au son de
» soixante coups de canon, les soldats tous en armes
» sur la grande place, et deux cents bourgeois sur le
» bastion Saint-Jean firent feu à merveille. Mesdits
» sieurs du magistrat donnèrent la récréation sur ledit
» Hostel-de-Ville ou furent présens M. de Froyval,
» major de la ville (M. le comte de Broglia, gouver-
» neur, étant absent, et M. d'Amours, lieutenant de
» Roy, indisposé), les sieurs du chapitre et du Bail-
» lage, tous ceux qui ont esté du corps du magistrat,
» les maîtres du collège et plus de cent bourgeois.

» Le lendemain 4 juin 1666, on célébra une messe
» solennelle en action de grace, avec une excellente
» musique et un agréable concert de violons, où le
» magistrat en corps alla à l'offrande. Après midi mes-
» sieurs ordonnèrent quantité de bouteilles de vin aux

» habitans de chaque rue pour servir à leur récréation,
» lesquels tesmoignèrent tous au sujet de cet heureux
» événement de paix un tel contentement que tous les
» carrefours de la ville retentirent d'allegresse l'espace
» de cinq à six jours entiers ayant partout esté dressé
» des feux en signe de réjouissance. » *(Archives de la ville.)*

C'était le commencement d'une ère de bonheur, ou du moins de repos et de sécurité. La tranquillité dont jouit Avesnes durant ce long règne et le suivant, ne fut troublée que par de futils démêlés, des prétentions frivoles, de petites rivalités, des tracasseries mesquines aujourd'hui sans intérêt. Qu'importe à la génération présente que les chanoines aient été condamnés par arrêt à céder une partie de leurs stales à des officiers pour qui ces sièges n'avaient pas été préparés, mais qui s'étaient montrés assez habiles pour trouver dans une simple politesse les fondemens d'une prérogative ? Que lui importent les longs débats du baillage royal et du baillage de la seigneurie sur quelques points de compétence ? Qu'importent les brouilleries d'un passé sans rapport au présent et dont il reste à peine quelques souvenirs ? Il y aurait de l'inconvenance à rappeler de légers torts qui ne nous dispensent pas du respect dû à la mémoire d'hommes graves, doux, humains, religieux, d'une exacte probité, de mœurs exemplaires, et dont quelques-uns consacrèrent la plus grande partie d'une vie active et laborieuse au bien-être de leurs concitoyens.

La ville prenait une nouvelle face. Le nombre des fonctionnaires s'y était accru et celui des gens de loi commençait à s'accroître. Elle était peu commerçante encore, mais on pouvait s'y procurer déjà la plupart des choses nécessaires à la vie. Elle entretenait plus d'ouvriers en différens genres, surtout de charpentiers, de maçons, de serruriers, de tisserands, de tanneurs, qu'elle n'en compta depuis. Plusieurs excellaient dans leur art, quoiqu'ils n'eussent ni maîtrises ni jurandes. Ce ne fut que postérieurement à 1722 qu'ils se réunirent en communautés, conformément aux dispositions d'un arrêt de novembre de cette année, portant *création et établissement des maîtrises d'arts et métiers dans toutes les villes du royaume.* Les perruquiers se créèrent un bureau d'administration composé d'un syndic, d'un lieutenant, d'un contrôleur, d'un prévôt et d'un greffier ; mais une place de maître était considérée moins comme un métier que comme un emploi.

L'importance que se donnaient alors les gens de cette profession était une sorte de réminiscence de celle qu'ils avaient eue anciennement. « Il vous est loisible, disait un empereur romain à son barbier, de » nous imposer des jeûnes et de contrarier nos désirs. » Les barbiers dans ces temps reculés exerçaient la médecine. Ils étaient encore en possession, quelques siècles plus tard, ou du moins il leur était encore permis *de curer et guérir clouds, bosses et playes ouvertes en cas de périls.* Ils reçurent le titre de *maîtres barbiers-chirurgiens*, et voulurent prendre celui de *maîtres chirurgiens-barbiers;* mais un arrêt de 1525 proscrivit cette inversion. Pasquier cite, comme ayant appartenu à la corporation des maîtres barbiers-chirurgiens, Etienne de la Rivière, chirurgien du Roi, juré au Chastelet; et le premier chirurgien des rois

Henri II, François Ier, Charles IX, Henri III, le célèbre Ambroise Paré, qui mérita d'être considéré comme le restaurateur de la chirurgie en France. D'autres parcoururent une carrière plus brillante encore : tels furent le barbier de Saint-Louis ; Olivier-le-Daim, le compère de Louis XI ; Slaghoek, qui devint ministre de Christian II, roi de Suède et de Dannemark. Moins connu que ces personnages, Ritz eut part comme eux aux faveurs de la fortune, mais il en éprouva aussi les vicissitudes. Ayant terminé son apprentissage chez un maître barbier-perruquier d'Avesnes, sa ville natale, il se mit en route, le peigne et le rasoir dans la poche, pour faire son tour de France, selon l'usage, et s'arrêta dans la capitale. Appelé à l'hôtel où était descendu le Grand-pannetier de Lithuanie, Stanislas-Auguste Poniatouski, il eut la charge de raser ce prince et le bonheur de lui plaire. Le Grand-pannetier de Lithuanie monta sur le trône de Pologne, et le barbier Ritz, qui s'était attaché à son service, fut élevé au rang des Magnats. Les qualités heureuses dont l'avait doué la nature, et surtout sa modestie qui ne lui laissa jamais oublier son origine, le rendaient digne de son sort. Mais les troubles de la Pologne, dont les voisins se partagèrent les Palatinats, ayant entraîné la chûte du monarque, Ritz, victime de la reconnaissance et de la fidélité, alla mourir à Saint-Pétersbourg, dans une sorte d'exil.

Il ne faut pas conclure de la composition, un peu fastueuse, du bureau des perruquiers, et du nombre d'hommes uniquement occupés de la coiffure qu'elle suppose, que le luxe dominât dans Avesnes ; on s'y

prévenait au contraire contre tout ce qui en avait l'apparence, et une demoiselle riche, d'un rang distingué, fut chansonnée, il n'y a pas un siècle, pour avoir rapporté des rubans de la capitale. Les dames finirent pourtant par se soumettre de si bonne grâce aux exigences de la mode, qu'un voyageur, scandalisé de leur *haute élégance*, adressait, dans son étonnement, ces questions toutes morales à ses lecteurs : « Les da-
» mes d'Avesnes ont-elles appris que ces modes rui-
» neuses, ces ajustemens étudiés ne servent d'appeau
» qu'au libertinage? Leur a-t-on dit que plus une
» femme se fait belle moins on la prise? » (Milran,
Voyage en France et pays circonvoisins, etc.)

Les mœurs se polirent insensiblement, les habitudes changèrent, les manières eurent moins de rudesse, on s'aborda avec moins de gravité, les réunions particulières devinrent plus agréables et furent plus fréquentes, les entretiens galans ou frivoles firent avec le jeu l'agrément des cercles ; on connut d'autres amusemens que ceux des karmesses ou des foires, d'autres spectacles que les représentations scéniques qu'une dévotion mal entendue, dirigeant des goûts profanes, avait mises en vogue. Les mêmes acteurs qui avaient figuré dans un *Bethleem*, en bergers et en bergères, chantant pieusement des motets et des noëls, jouèrent la comédie à l'Hôtel-de-Ville, aux halles, ou dans les greniers d'une caserne, travestis en *Arlequins*, en *Cassandres*, en *Colombines*, en *Pierrots*, en *Scaramouches*. La ville ne possède un théâtre que depuis peu d'années.

Encaissé dans un groupe de maisons du quartier des casernes, cet édifice n'en diffère guère que par la forme de la porte et des fenêtres. L'intérieur est décoré avec assez de goût, mais il manque de dégagemens; les coulisses, les loges, le parterre n'ont qu'une même issue, la porte d'entrée : ensorte que si le feu venait à prendre dans ce lieu, rempli de matières inflammables, on ne pourrait éviter d'y être brûlé ou suffoqué.

Sans se dépouiller entièrement de la morgue espagnole, la bonne compagnie voulut paraître toute française; les officiers de garnison, qu'on s'empressa d'y admettre, y donnaient le ton, et s'ils ne contribuèrent pas toujours à l'entretien du bonheur domestique dans les maisons qui leur étaient ouvertes, ils en égayèrent du moins quelquefois les monotones et maussades loisirs.

Mais la masse de la population résista long-temps aux séductions de l'exemple. L'intérieur d'une maison bourgeoise offrait encore des modèles de toutes les vertus domestiques : d'honnêtes pères de famille, sobres, laborieux, vigilans, attachés à leurs devoirs, pleins de franchise et de loyauté; des femmes soigneuses, économes, tendres épouses, bonnes mères; des enfans soumis et respectueux, de jeunes filles aussi modestes qu'ingénues. Les appartemens, de même que les vêtemens, avaient une apparence d'ordre, d'aisance, de propreté qui charmait les regards. Les offices et quelques visites remplissaient la plus grande partie des loisirs d'un jour de fête. Des jeux innocens, une promenade en société ayant pour but un goûter champêtre, quelquefois la danse en plein air ou sous une verte feuillée, tels étaient les plaisirs accordés au jeune âge, moins vifs, moins bruyans, mais non moins doux peut-être que ceux des temps qui suivirent.

La foule, naturellement routinière, continua de solenniser, le verre en main, les jours notables, en faisant retentir l'air des refrains d'une chanson à boire ; de danser en rond, devant l'image du patron ou de la patrone de chaque rue, le soir de sa fête et durant la neuvaine ; de décrocher à la dérobée, la crémaillère de ceux qui déménageaient, pour la repindre, couronnée de fleurs, dans leur habitation nouvelle, au son des violons ; d'obliger un nouveau marié à servir les convives au repas de noce, en veste, tablier et bonnet blancs, la serviette sous le bras, une cocarde jaune au bonnet ; d'enlever la mariée au dessert pour ne la rendre au mari que le soir, après avoir obtenu de lui une rançon en liqueurs ; de maintenir celui dont l'épousée avait accepté le bras en allant recevoir la bénédiction nuptiale, dans le privilège de lui dénouer la jarretière au deshabiller ; bref, de courir en troupe, le lendemain de grand matin, réveiller tumultuairement l'heureux couple, afin de lui faire prendre un copieux chaudeau. Ce ne fut qu'après y avoir été contrainte, au commencement de ce siècle, par une prohibition expresse, que la foule cessa de célébrer la fête impertinente et scandaleuse des *Durmenés*, et jamais elle ne se lassa des gothiques saturnales d'une karmesse. On comprenait sous la dénomination de *durmenés* les maris en général, quoique ce mot désignât particulièrement ceux dont les femmes impérieuses et peu fidèles menaient durement les leurs.

En peu d'années, tout changea au point qu'en re-

voyant Avesnes, on eût dit d'une place envahie où le vainqueur a remplacé les vaincus, avec des goûts, des usages, un costume différens. Les traditions se perdirent, mais la ville s'embellit ; l'industrie et le commerce y multiplièrent les ressources, toutes les rues se garnirent de boutiques. « Les maisons d'Avesnes,
» autrefois d'assez laide apparence, sont mieux bâties
» en général, plus agréables, plus aérées, plus com-
» modes; les magazins de nouveautés y sont remplis
» de tous les objets de fantaisie, et de ces jolis riens
» qui nous sont si utiles. Les coiffeurs y montrent de
» l'adresse ; ils sont montés comme les *Plaisir,* les
» *Narcisse* et les *Letellier ;* les modistes y ont de la
» réputation, et les dames de la ville ne m'ont paru
» avoir de ce côté rien à envier raisonnablement aux
» petites-maîtresses les plus recherchées de la rue de
» Richelieu ou du boulevard des Italiens. (*Mercure de France*, au XIXᵉ *siècle. Juillet* 1826.)

Quoique Avesnes n'ait jamais été une ville de commerce, elle avait néanmoins, avant l'établissement du système actuel des poids et mesures, un poids particulier, une aune et des mesures de capacité locales. On y fabriqua long-temps de grossières étoffes de laine.

Elle avait aussi ses armoiries et son sceau. « Les
» armes d'Avesnes sont bandées d'or et de gueules de
» six pièces. » *(Les délices des Pays-Bas.)* Au-dessous de l'écu est une ruche environnée d'abeilles. Ces armoiries se retrouvent sur le dernier sceau de la municipalité. La ruche et les abeilles ne doivent pas être de très-ancienne date. L'arrangement symétrique des abeilles sur le sceau municipal, la guirlande formant

la bordure, la perfection du dessin, tout est moderne. Un sceau du xive ou du xve siècle, de la grandeur d'un médaillon, présente la figure équestre, gravée en creux, d'un chevalier traversant un champ, avec cette légende en caractères gothiques : *Sigillum majoris et juratorum de Advesnis.* Au-dessus de la figure, entre le second et le troisième mot de la légende, est l'écu blasonné seul, sans ornemens et sans supports.

« Les seigneurs d'Avesnes portaient d'or et de
» gueules en bande de six pièces. » (*Mémoire mss.*)

9¹ La ville ayant été rasée en 1477, les fortifications n'en furent relevées que plus de 60 ans après. La date de 1538 gravée sur le roc, au pied du bastion nord-ouest, et qu'on y remarquait encore il y a quelques années, ne laisse aucun doute sur l'époque de cette reconstruction.

Avesnes est au nombre des places fortes de quatrième classe. « L'enceinte en est fort irrégulière et
» flanquée de six bastions. » (R. de Hesseln.) « Elle
» a été bien réparée par le maréchal de Vauban, qui
» y a fait de grands travaux, comme plusieurs grandes
» demi-lunes, dont quelques-unes sont doubles. Il a
» encore construit une grande contregarde, mais sur-
» tout une grande écluse à l'entrée de la rivière cou-
» verte d'une grande demi-lune de sa façon. Tous ces
» ouvrages sont entourés d'un fossé, dont la partie par
» laquelle coule la rivière est fort large, le reste du
» fossé est plus petit, et étant situé sur la montagne,
» il est sec à l'ordinaire. Le tout est accompagné d'un
» chemin couvert et de son glacis. On doit remarquer
» que dans les bastions de la place, on a conservé de

» vieux cavaliers de terre, tels que les pratiquait le
» chevalier De Ville, qui a fait l'enceinte de cette
» place. La sortie de la rivière de Hespre est défendue
» par une petite redoute de maçonnerie d'une figure
» carrée. Deux autres redoutes de même, mais pen-
» tagonales, défendent l'entrée de la même rivière.
» Elles sont couvertes d'un avant-fossé, accompagné
» de son chemin couvert et de son glacis. » (*Grand
Dictionnaire géographique, historique et critique*
de la Martinière)

Ces ouvrages n'empêchaient pas que la place ne
pût être battue des hauteurs voisines qui la commandent. Des travaux considérables ont été exécutés depuis, pour corriger par l'art l'effet des accidens de la
nature.

Le toit en ardoises du bâtiment qui recouvre l'écluse
descendait, avant d'avoir été refait à neuf, jusque sur
le pont élevé en devant, et on y lisait la chronique
scandaleuse de la ville. Les aventures galantes y étaient
gravées, à la pointe du couteau, avec des emblêmes
d'un cynisme égal à celui du style.

Ce n'est pourtant pas de là, comme on pourrait
le croire, que le pont a pris le nom de *Pont des Dames* : il le doit aux digues entre lesquelles est reséré
celui des bras de la rivière qui traverse la ville pour
aller au-delà se réunir à celui qui baigne les murs.
Dans les langues tudesques, dont l'ancien idiôme
d'Avesnes et des environs avait conservé quantité de
mots, on nomme *damm* toute espèce de levée ou de
barrière destinée à contenir les eaux. Une autre digue,
voisine de celles que traverse le pont, est encore aujourd'hui appelée la *dame*.

Il est très-probable que le cours de la rivière, avant qu'elle fût divisée en deux bras, était en ligne droite, ainsi que les anciens plans l'indiquent. On a dernièrement découvert, en creusant le terrain qui supporte les fondemens du nouveau magasin à poudre, deux des cuves et quelques débris de la charpente d'une ancienne tannerie, avec quantité de cornes et d'ossemens.

A peu de distance de la *dame*, et presque en face d'un rocher sourcilleux, s'élevait autrefois la *Tour de Saint-Jean*, dominant sur les eaux d'un vivier et sur des prairies à perte de vue, bordées par la rivière. L'herbe croît maintenant sur le vivier desséché, et le rocher, déjà entamé en 1495, a, comme la tour, disparu sous la sape, tellement qu'à l'exception des parties recouvertes par les ouvrages de la place, et de quelques fonds de carrière, il n'en reste pas de trace.

91 La porte du Nord est celle qui avait anciennement le nom de *Porte d'Enghien*, on lui donna successivement ceux de *Porte du Malvinage*, ou de *Mauvinage*, de *Porte de Mons* et de *Porte de Fleurus*; elle a repris celui de *Porte de Mons*. Reconstruite à neuf, en 1628, la voûte en fut raccourcie en 1829 du côté de la rue. Ceux qui étaient entrés en ville par cette porte avec des denrées, des bestiaux, des liqueurs, étaient assujétis à un droit de *vinage*, ou de péage, qu'il fallait acquitter avant de traverser la rivière, et le trouvant selon les vraisemblances fort onéreux, il le nommèrent *mauvinage*.

La porte du midi était celle *des Demoiselles*. Elle fut ensuite *Porte de France*, puis *Porte de Paris*, et elle est redevenue *Porte de France*, comme au temps où la ville appartenait à l'Espagne. On ignore ce qui avait pu mériter à cette porte, alors environnée de champs arides et découverts, un nom qui éveille aujourd'hui tant d'idées gracieuses. Peut-être en eût-on cherché l'explication dans celui d'une sorte d'avenue sombre et silencieuse, nommée encore à présent *Allée des Soupirs*, si tout le monde ne savait que le premier de ces noms était autrefois un titre qu'on ne donnait qu'aux princesses, aux filles de chevaliers et aux dames.

La porte Cambresienne est condamnée depuis un temps immémorial. Elle fut réparée, ou plutôt reconstruite en 1573; mais il y avait un grand nombre d'années déjà qu'elle était bouchée et que le pont en était rompu, lorsqu'en 1669 es habitans en demandèrent le rétablissement à Louis XIV. Il leur fut promis. Toutefois, malgré les intentions bienveillantes du monarque, cette promesse n'a pas été accomplie. Le projet de rouvrir la porte Cambresienne, auquel ceux qui avaient à cœur les intérêts de la ville attachaient une juste importance, fut repris plus tard; mais des prétextes d'économie et des motifs moins désintéressés le firent encore avorter.

On voyait en *dehors et assez près de la porte du Malvinage*, à gauche du chemin d'Avesnes à Saint-Aubin, une grande pièce d'eau nommée le *Vivier de Borezies*; sur la hauteur voisine, à droite du même chemin, une chapelle dédiée à Saint-Pierre, et dans le bas, sur le ruisseau, un moulin à poudre. Il y a plus de deux siècles que le vivier est desséché, la chapelle est démolie depuis près de cinquante ans, et le moulin, après avoir servi long-temps à moudre des écorces, est employé aujourd'hui comme moulin à farine.

Il y avait à la porte Cambresienne un faubourg dont il est difficile de retrouver aujourd'hui des traces.

98 L'enceinte de la place et la distribution de l'intérieur sont encore à-peu-près telles qu'elles étaient sous Philippe II; mais en feuilletant les archives et en rapprochant les anciens plans des nouveaux, on voit qu'il s'est opéré de grands changemens dans chaque quartier. Un rang de divers bâtimens, avec des jardins derrière, recouvrait le sol sur lequel s'élève la caserne de l'infanterie. En face, était un large carrefour dont une mare occupait le milieu. La mare a été comblée, mais le carrefour subsiste, ou plutôt c'est à présent une esplanade. A droite, la verdure, émaillée de fleurs, du jardin des confrères du St-Esprit et celle des alentours tapissaient le rocher. La *rue de Saint-Louis* n'était qu'un prolongement de la *rue Crétin*, et la *rue Poilvache* s'étendait de la *rue Crétin* à la *Rue de France*. A supposer qu'elle existât avant 1547, la *Rue de France* était alors bien courte et se terminait au cimetière; elle vint ensuite aboutir vis-à-vis de la chapelle de la Magdelaine, à un cloaque infect, en avant d'une clouterie. Ce ne fut que plus tard, en communiquant son nom à l'ancienne rue du Béguinage, qu'elle s'allongea jusqu'à la place. Quelques autres rues ont disparu, comme celle qui régnait derrière les tanneries et qui n'est plus qu'une étroite ruelle; ou celle dont la trace a conservé la dénomination de *ruelle Flageolet*, et à laquelle appartenait la petite maison qui termine à l'est la rue d'Albret; ou comme

la rue *Noirefosse* qui était dans le voisinage de la Place-d'Armes, mais qu'on y chercherait envain, soit qu'elle ait été supprimée, soit qu'elle ait simplement changé de nom. Les confrères de Saint-Jean, ou les Chevaliers de l'arquebuse, car c'étaient les mêmes, avaient, au bas de la *ruelle Flageolet*, un beau jardin où il s'exerçaient au tir.

Il ne reste guère d'édifices ou d'ouvrages de maçonnerie, antérieurs au règne de Louis XIV, que l'église, la halle, le moulin, maintenant la marbrerie ; le magasin situé au bas de la roche à l'ouest, une partie des bâtimens de l'hôpital, ceux du collège et la boulangerie qui en a été détachée ; quelques débris du couvent des Récolectines, plusieurs portions des remparts, les souterrains et les poternes, les voûtes des deux portes, celle de la porte Cambrésienne avec les deux corps-de-garde ; nombre de caves qui pour la plupart en supportent d'autres ; enfin, quantité de masures dispersées dans les maisons particulières.

Il y eut une boucherie commune ; elle était située derrière la halle au *filet*, rue *Poilvache*. Derrière la halle au blé était la poissonnerie, qui fut ensuite transférée dans la *Grande-Place* ; puis en 1765, dans la *Petite-Place*, aujourd'hui la *Place du Palais*, où se tiennent aussi les marchés du mercredi.

98 L'une de ces chapelles touchait au rempart, presque en face de la *ruelle Flageolet*, elle était environnée d'un pourpris ; une autre, à l'un des angles de la *Grande-Rue* et de la *ruelle Tassin*, paraissait avoir fait partie d'un édifice plus considérable, qu'on a prétendu, mais sans fondement, être une maison

de templiers, et dont il reste quelques vestiges tels qu'un souterrain; la troisième, celle de la Magdelaine, était vis-à-vis de la porte du Midi, au bout de la *rue du Béguinage*, à l'endroit où maintenant la *rue de France* fait un coude; la quatrième, plus moderne, était celle du cimetière, aujourd'hui le marché aux bestiaux, elle se trouvait adossée au mur qui entoure le magasin à poudre.

Une autre chapelle encore, érigée sur le pont du moulin à l'honneur de l'Archange Saint-Michel, avait été démolie auparavant. L'image de l'Archange fut replacée dans une niche au haut de la Grande-Rue.

95 Outre les deux puits creusés dans le haut l'un de la Grande-Rue, l'autre de la Grande-Place, on assure qu'il en fut ouvert un troisième dans le voisinage des casernes, mais on chercha vainement ce dernier, lorsqu'on voulut, il y a quelques années, les rouvrir tous trois.

Le puits du haut de la Grande-Rue a été bouché avant d'être achevé. Parvenu, à travers la roche, à une profondeur de soixante pieds, sans rencontrer un seul filet d'eau, on désespéra du succès. On ne peut effectivement tirer de ce puits que celle qui s'y infiltre en s'écoulant d'une fontaine voisine, lorsque des pluies abondantes ont occasionné une crue.

Celui de la Place est fort profond et peu commode. La bouche en fut d'abord couverte d'une sorte de chambre carrée de belles pierres bleues. En imprimant aux leviers de deux pompes, placées dans l'intérieur, le mouvement convenable, on amenait l'eau, par deux goulots figurant des hures de sanglier, dans les vases destinés à la recevoir. Cet édifice, qui avait à l'extérieur l'apparence d'un énorme et massif bloc de pierre, parut aux voisins, dont il offusquait les maisons, tout-à-fait déplaisant. Ils s'en plaignirent et au bout de quelques années, cette lourde masse fut remplacée par une légère couronne de fer à laquelle on suspendit des poulies et des sceaux. L'eau était fréquemment salie et infectée par les immondices que l'étourderie ou la malveillance y entassaient à la dérobée; une femme s'y précipita : la couronne fut enlevée et le puits condamné. Il a été rendu aux besoins des habitans en 1827. Une fontaine quadrangulaire contient le léger rouage qui fait jouer une noria, et qu'on met en mouvement au moyen d'une manivelle. A la première chaine et aux premiers pots, qui étaient en cuivre et sujets à s'oxider, on a substitué une chaine en fer et des pots en bois. Au-dessous du rouage est un réservoir ou bassin de plomb dans lequel les pots se déversent et d'où l'eau se répand au-dehors par un goulot en forme de tête de lion. Chaque face du nouvel édifice, terminée par un fronton triangulaire, a, jusqu'à la corniche, mais en comprenant l'architrave et la frise, quatre mètres de hauteur sur deux mètres vingt-cinq centimètres de largeur. Huit pilastres, appuyés sur un soubassement et formant les quatre angles de la fontaine, supportent l'architrave. Le comble est surmonté d'un globe doré.

Plusieurs ingénieurs ont démontré la possibilité d'amener, ou du *Fourmanoir*, comme autrefois, ou même de sources beaucoup plus rapprochées, autant d'eau qu'on peut en désirer, et d'établir dans le haut de la ville, trois fontaines, l'une dans la *Grande-*

Place ou la *Place d'Armes*, l'autre dans la *Place du Palais* alors la *Petite-Place*, la troisième en avant des casernes. Suivant le plan que dressa un de ces officiers, deux abreuvoirs devaient être alimentés du superflu des fontaines. En considérant l'insuffisance du moyen qu'on a préféré, il est difficile de ne pas se demander avec l'auteur du mémoire auquel plusieurs des particularités qui précèdent ont été empruntées, *pourquoi on n'a pas osé tenter à la fin du XVIIIe siècle, ce qu'on avait exécuté avec succès dans le XVIe.*

[69] La ville et la terre ne doivent pas être confondues. Elles furent cédées l'une et l'autre en même-temps à la France ; mais le domaine de la ville appartint au Roi dès 1659, et celui de la terre ne cessa qu'en 1706 d'appartenir à des étrangers.

« Le prince de Chimay, Charles de Croy, ne jouis-
» sait de la terre d'Avesnes qu'à titre d'engagement,
» et pour lui tenir lieu de la dot de Louise d'Albret,
» sa femme... C'est sur ce fondement que Philippe de
» Croy, duc d'Arschot, qui avoit épousé Anne de
» Croy, héritière de la branche de Chimay, sa cou-
» sine, s'est relevé de plusieurs engagemens que son
» beau-père avoit contractés... Cette terre n'a été as-
» surée à la maison de Chimay que plusieurs années
» après la mort du prince Charles, comme on voit par
» la renonciation du roi de Navarre à la faculté de
» rachat. » (*Archives de la Seigneurie.*)

» Phillippe de Croy, premier duc d'Arschot, avoit
» transigé, le 26 septembre 1528, avec le roi de Na-
» varre, qui lui céda la terre d'Avesnes pour celle
» d'Ans, en Périgord. » (*Les délices des Pays-Bas.*)

» Le duc d'Orléans *comme héritier de Monsieur,*
» *qui l'avoit été de mademoiselle de Montpensier,*
» *héritière de mademoiselle de Guise, laquelle*
» *avait hérité de Marie de Clèves légataire du prince*
» *de Portien, Antoine de Croy, fils du comte de*
» *Zeuinghem,* obtint un arrêt contradictoire au par-
» lement de Paris, par lequel les terres d'Avesnes, de
» Beaumont, de Chimay et autres... furent déclarées
» affectées et hypothéquées à *ses* droits, à compter du
» jour d'*un* arrêt du 7 septembre 1549, et par ces ar-
» rêts ces mêmes terres lui furent adjugées sur le prix
» de l'estimation qui en serait faite. » (*Mémoire au sujet des terres de Chimay et Beaumont,* par M. Doujal, mss.

» Philippe-Louis de Hennin d'Assace, comte de
» Bossu... meurt l'an 1688, laissant pour fils le cardi-
» nal d'Alsace, Charles-Louis-Antoine et Alexandre-
» Gabriel... Charles restant sans postérité a cédé au
» duc d'Orléans entre autres terres celle d'Avesnes,
» d'environ 300,000 livres de revenus, ne s'en réser-
» vant que 60,000. » (D. le Long.) Le duc d'Orléans n'acheta vraisemblablement du cardinal que les prétentions qui pouvaient lui rester.

Un des actes les plus remarquables parmi ceux des inextricables procédures qu'engendrèrent l'acquisition et la succession de Guillaume de Croy, c'est la sentence de deux dames que l'évêque de Couseran et le baron de Châteaubriand, comme tuteurs des enfans d'Odard de Foix et de Philippe de Croy, leur adversaire, avaient prises pour arbitres. Ces deux dames, chargées de vider aussi un autre différend d'une plus haute importance, étaient la duchesse d'Angoulmois et l'archiduchesse d'Autriche qui conclurent, en qualité de plénipotentiaires, la paix du 3 août 1529.

La seigneurie d'Avesnes « avoit autrefois le titre de » comté. » *(Les Délices des Pays-Bas.)* « Avenes... » è buona terra, et molto forte con dignita di contea. » *(Descrittione di Tutti Paesi-Bassi, di L. Guicciardini.)*

Situé à l'un des angles de la rue de France et de la rue d'Orléans, et converti en auberge, l'hôtel est maintenant celui de la *Cloche-d'Or*.

97 Elles se croisent à cent mètres environ de la Porte de France, ou du Sud, et se dirigent l'une au Midi, l'autre au Nord, la troisième à l'Orient, la quatrième à l'Occident. Elles conduisent : celle du Midi, par La Capelle, Vervins, Laon, Soissons, dans la capitale; celle du Nord, à Bruxelles, par Maubeuge et Mons; celle de l'Orient, à Givet par Chimai; celle de l'Occident, à Lille par Valenciennes. Toutes quatre sont du nombre des grandes routes qui furent établies sous le règne de Louis XV, dans la partie du Hainaut abandonnée un demi-siècle auparavant à Louis XIV, et dès lors réunie à la France. Un arrêt du conseil d'état, de 1723, affecta à ces travaux, qui s'exécutèrent tout à la fois par entreprise et par corvées, le produit de la taxe assise sur les *jurés brasseurs* et les *égards gourmeurs* de la province. Les *égards*, ou plutôt les *rewards*, gourmeurs, étaient une sorte d'inspecteurs chargés de déguster les boissons. La route du Sud, ou de Paris, avait d'abord été pavée depuis Avesnes jusqu'au bourg d'Etrœung; mais à peine le travail était-il achevé qu'elle fut dépavée. Rien n'explique ce changement subit. Il y a peu de

temps que celle de l'Est, restée imparfaite, a été terminée.

98 La distribution en était dans toutes à peu près la même : les chambrées occupaient le haut, des écuries, le rez-de-chaussée. En 1763, les écuries de celle qui s'étend le long du rempart, du sud au nord, furent converties en chambrées, et cette caserne peut contenir aujourd'hui 1,440 hommes. L'entretien de ces édifices resta long-temps à la charge de la ville, on y logeait les troupes de passage comme celles de la garnison ; la surveillance en était confiée à un inspecteur commissionné par l'intendant de la province.

On obtint en 1767, la permission de faire construire sur le bastion du nord-ouest, un manège pour le service de la cavalerie, et en 1779, celle de le faire démolir.

L'un des corps de bâtiment de la caserne du *Petit-Saint-Esprit*, parallèle à celui qui reste, a été brûlé en 1816. Le feu prit par l'écurie ; elle renfermait alors quantité de beaux chevaux appartenant à l'armée russe, et la plupart y périrent.

99 Les habitans du Hainaut considéraient l'obligation de loger le militaire comme la plus fâcheuse des servitudes, aussi ne s'y soumettaient-ils qu'avec une extrême répugnance. « Les logemens qu'on y donne
» aux officiers sont si mauvais, et si peu convenables
» que lesdits officiers répugnent à les occuper, et
» cherchent à éviter de pareilles garnisons où ils ne
» sont pas traités suivant leur caractère, regardant
» celles du Hainaut comme les plus mauvaises par rap-

» port auxdits logemens. » (Préambule du *réglement concernant le logement des troupes*, dressé, en 1703, par le marquis de Bernières.) Quelque père de famille, qui voulait apparemment éviter les inconvéniens d'une communication trop immédiate, trouva le moyen d'isoler l'appartement de son hôte en y adaptant, en dehors de la maison, un escalier par lequel on descendait tout droit dans la rue. Beaucoup d'autres l'imitèrent, et bientôt la plupart des devans de maisons se garnirent d'escaliers en bois, d'un effet peu gracieux et sans doute d'un usage peu commode. Les dispositions du réglement du marquis de Bernières déconcertèrent ce stratagême. « Les logemens que les
» officiers ont occupé jusqu'à présent ne leur conve-
» nant point, tant parce qu'on ne monte dans la plu-
» part que par une espèce d'échelle, qu'à cause du
» mauvais état et de la mauvaise disposition des cham-
» bres qui leur sont destinées, Nous ordonnons que
» l'hoste chez lequel l'officier devra loger, choisira la
» première chambre de la maison outre et par-dessus
» la cuisine, et sa boutique, à l'égard de ceux qui en
» ont et qui font commerce, et ledit officier prendra
» la seconde chambre, outre laquelle il luy sera donné
» un petit endroit si modique qu'il puisse estre pour
» loger ses valets, auxquels il sera pareillement fourny
» un lit dans lequel ils puissent coucher deux, com-
» posé d'une paillasse piquée de paille d'avoine, d'un
» traversin de même, d'une paire de draps qui se re-
» nouvellera toutes les trois semaines, et d'une cou-
» verture. » *(Article 4 du règlement de 1703.)* L'ameublement de la chambre du maître est indiqué avec la même précision, et le rédacteur du réglement est

entré là-dessus dans des détails qui font honneur à sa prévoyance. « Ceux desdits bourgeois et habitans qui
» fourniront le logement aux officiers seront tenus
» aussy de leur donner le lit garny de rideaux, une
» paillasse, un bon matelas de laine dont le poids ne
» pourra être moindre de trente livres, une paire de
» draps qui sera renouvellée tous les quinze jours,
» une bonne couverture, une table, trois chaises,
» un chandelier, des mouchettes, un pôt à l'eau, un
» pôt de chambre, des chenets, et une paire de pin-
» cettes. » *(Art. du même règlement.)*

Les bourgeois durent meubler de même les chambres des pavillons, et ils ne furent pas dispensés d'y renouveler périodiquement le linge, qu'ils devaient fournir.

La disposition des esprits était si peu changée en 1776, et les duels étaient encore si fréquens qu'il fut alors jugé convenable de commettre au baillage royal un conseiller-rapporteur du point d'honneur.

[100] Il est divisé en deux corps de bâtimens séparés par une cour et de différentes structures. Le bas de celui qui fait face à la Place-d'Armes contient les bureaux de la mairie, au-dessous est le corps-de-garde, une vaste salle occupe le haut. La façade de l'édifice et le perron, à deux rampes, ne manquent pas d'une certaine grâce. Le bâtiment de derrière renferma long-temps la prison. Sombre, délabré, tombant en ruines, ce n'était plus qu'une hideuse masure: il fut reconstruit, en 1811, sur un nouveau plan et reçut une destination nouvelle. Il n'a qu'un étage qui est divisé en deux pièces, dont l'une est la salle d'au-

dience ; l'autre, le greffe des justices de paix et du tribunal de simple police.

La prison actuelle a été bâtie en 1809, sur l'emplacement des écuries du château. Adossée au mur d'un arsenal et mal distribuée, elle était obscure et insalubre. L'arsenal ayant été démoli en 1827, le sol en fut applani, réuni à celui de la prison et converti en deux cours. L'une des deux est spécialement affectée à l'usage des femmes. C'est une espèce d'étroit préau, traversé par un égout ; en sorte que si elles peuvent s'y promener, elles ne peuvent y respirer un air plus pur que celui de leur appartement. La distribution intérieure de l'édifice a été changée ; il est mieux éclairé, plus aéré, moins incommode ; mais les prisonniers de tous les âges et de toutes les sortes, s'y trouvent comme auparavant pêle-mêle et confondus.

[101] En traçant cette esquisse, il y a plusieurs années, il m'a semblé que les convenances exigeaient qu'ils fussent tous passés sous silence, à l'exception de quelques particularités qui, pouvant intéresser beaucoup de personnes, n'en peuvent blesser aucune. Quoiqu'il se soit opéré bien des changemens dans l'intervalle, la détermination que j'ai prise alors est encore aujourd'hui la même, et les motifs en sont si faciles à saisir qu'il n'est pas besoin de les expliquer.

[102] Victime de sa généreuse compassion et des soins empressés que les malades avaient reçus dans son sein, Avesnes pleurait un nombre considérable de ses habitans, enlevés par le typhus, quand elle tomba inopinément au pouvoir de l'étranger.

Le 9 de février 1814, avant le lever du soleil, les sons précipités et lugubres du tocsin répandirent tout-à-coup l'alarme dans la ville. Plusieurs cosaques venaient de se montrer aux barrières. La place était entièrement désarmée. On avait mis à chaque porte une petite pièce et une pile de boulets, mais avec tant de précipitation ou d'incurie, qu'il se trouva que les pièces étaient hors de service et que les boulets n'étaient pas de calibre. Les ponts-levis ne pouvaient plus se mouvoir à défaut de bascules, et les revêtemens des murailles étaient percés de toutes parts de larges brèches. Des vingt-quatre conscrits dont la garnison se composait la veille, treize avaient déserté dans la nuit, les onze autres s'étaient cachés ou dispersés. Un tambour seul faisait le tour des remparts, en battant le rappel. Vers le milieu de la matinée, on vit les hauteurs qui dominent Avesnes au nord, se garnir d'une cavalerie formidable rangée en haie et décrivant un demi-cercle. Un peu plus tard, un parlementaire se présente à la porte de Paris, agitant un mouchoir blanc qu'il tenait à la main; le commandant se montre sur le parapet, entouré de quelques bourgeois. Pendant le pourparler qui s'engage, plusieurs femmes, effrayées des conséquences soit d'une résistance imprudente ou d'une surprise par escalade, courent vers la porte, armées des pioches et des pinces que des paveurs travaillant dans la rue venaient d'y laisser : Les fermetures cèdent, au même instant, les cosaques dont le parlementaire était escorté se précipitent, la bride aux dents, des pistolets aux poings, suivis d'un régiment à pied, et la ville est occupée.

L'armée russe et l'armée prussienne employèrent à la traverser un temps considérable: Jours et nuits de fatigues et d'angoisses pour les malheureux habitans! D'heure en heure les maisons se remplissaient de nouveaux hôtes; il fallait non-seulement pourvoir à leurs besoins, mais encore leur donner tout à discrétion, et qui ne sait que dans de telles circonstances la discrétion d'un soldat n'a pas de bornes! L'infortuné père de famille, qui ne pouvait procurer à ses enfans le nécessaire, était contraint de fournir le superflu à des étrangers. Assujéties aux plus dégoûtans offices de la domesticité, les femmes étaient étourdies de grossières injures, et leur patience, leur douceur, leur faiblesse ne les préservèrent pas toujours d'un traitement cruel et ignominieux.

Le cours de la justice, les affaires, le commerce, les communications étaient suspendus. A ces calamités vint s'ajouter la peur d'un avenir plus redoutable. Le bruit courait que l'occupation d'Avesnes avait été présentée, dans un ordre du jour, comme un effet de la trahison ou de la lâcheté des habitans, et, quoique l'absurdité d'une semblable imputation fût manifeste, il leur semblait qu'au lieu de leur délivrance, ils n'avaient plus à attendre que les excès d'une vengeance aveugle et furieuse. Les garnisons voisines, dans des incursions nocturnes, s'approchaient fréquemment des ouvrages extérieurs de la place, et pouvaient se concerter pour la surprendre; les *houras* sinistres qui, depuis le crépuscule du soir jusqu'au crépuscule du matin, se faisaient entendre sans discontinuation autour des murs, loin de dissiper cette crainte, contribuaient à l'entretenir. Elle devint de la terreur dans deux occasions différentes : une première fois, quand des fuyards, traînant quelques débris d'équipages et précédant un convoi de blessés, annoncèrent que l'armée russe, entièrement défaite, rétrogradait, poursuivie par Napoléon qui l'avait battue aux environs de Laon et mise en déroute; la seconde, lorsqu'on apprit que le général Maison, à la tête de l'armée qu'il avait recueillie sur les côtes de Flandre, arrivait dans le voisinage d'Avesnes. l'Empereur, ayant vainement essayé d'emporter Laon, après avoir contraint à Craone l'armée russe à la retraite, s'était retiré lui-même en Champagne. Le général Maison avait paru sur les bords de la Sambre, mais il n'avait pas traversé la rivière.

Quoiqu'on ignorât dans la ville ce qui se passait au dehors, l'appréhension d'un danger peu durable finissait ordinairement par s'évanouir ; mais alors le sentiment des peines journalières, dont on n'avait été que passagèrement distrait, se reproduisait avec une nouvelle intensité, comme celui de la souffrance chez le malade qui, après le transport, retombe dans l'accablement de la fièvre. Les jours, les semaines, les mois augmentaient, en s'écoulant, l'impatience de maux que la marche du temps rendait de plus en plus insupportables, sans paraître en rapprocher le terme.

On apprit enfin que les armées combinées étaient entrées dans Paris abandonné par la régence; que les puissances belligérantes avaient pris l'engagement de maintenir l'intégrité du territoire français tel qu'il était en 1789 ; que les Bourbons, en marche pour la capitale, allaient remonter sur le trône de leurs ancêtres; que le sénat et le corps législatif avaient prononcé la déchéance de Napoléon Bonaparte, et que celui qui naguère *foulait le monde à ses pieds*, abandonné d'une grande partie de l'armée, proscrit, fugitif, errait à l'aventure, suivi d'un petit nombre de ses preux. A ces nouvelles, quelques lueurs d'espérance pénétrèrent au fond des cœurs, et quelques rayons de joie brillèrent sur les fronts courbés et abbatus. Avesnes se trouvait délivrée du moins des frayeurs que la possibilité d'une surprise ou d'un siège, des horreurs d'un sac ou d'une exécution militaire, y avait causées. La paix ne tarda pas à se conclure, et les étrangers, après trois mois d'occupation, repassèrent les frontières.

Ainsi devaient se terminer des guerres qui, depuis vingt-deux ans, ensanglantaient l'Europe, la couvraient de ruines, y entretenaient la misère et la désolation; à la vie des camps, aux hasards des combats, devaient succéder les occupations plus douces de la vie civile; les mères se félicitaient de n'avoir plus désormais à craindre de voir arracher leurs enfans de leurs bras pour être lancés dans une carrière pleine de périls; l'agriculture, le commerce, l'industrie, les arts devaient prendre une activité nouvelle, et répandre l'aisance dans toutes les classes de la société : on entrait dans une ère de prospérités et de bien-être. Avesnes qui, par la réunion des terres de Chimai et de Beaumont à l'arrondissement dont elle est le chef-lieu, acquérait d'inappréciables avantages, Avesnes surtout semblait avoir toute sorte de sujets de joie. Néanmoins elle était morne au milieu des réjouissances publiques. Il s'y donna des fêtes, mais que n'anima point la gaîté; les physionomies froides et composées annonçaient plus de préoccupation que de contentement; de douloureux souvenirs, des pressentimens sinistres contristaient les âmes : l'horizon, sur lequel on avait cru voir briller une aurore de bonheur, se couvrait de nuages. A peine le calme avait-il paru se rétablir que déjà un nouvel orage grondait dans le lointain.

Aucun effort, aucune puissance n'avait été capable de concilier les esprits divisés d'opinions et d'intérêts : une foule disparate de mécontens, composée et de ceux qui avaient perdu au changement de régime, et de ceux qui craignaient de perdre, et de ceux dont les espérances avaient été déçues, allait croissant, importunée de ses propres plaintes; les militaires, las de leur loisir, regrettaient le chef qui, à travers les fatigues et les dangers, les conduisait à la victoire; dans les embarras et les entraves d'une complication d'affaires inextricable, la marche du gouvernement était mal assurée. Soudain, un cri d'alarme retentit du Midi au Nord : Bonaparte, échappé de l'île d'Elbe, avait abordé à la côte du golfe Juan et s'avançait vers la capitale. Ralliant à lui les troupes qu'on envoyait pour le combattre, il n'étonnait pas moins par la rapidité de ses progrès que par celle de sa marche. La cour impériale vint, sans qu'il eût été *brûlé une amorce*, remplacer aux Tuileries la cour royale qui s'acheminait en désordre, escortée de peu de fidèles, vers Gand, où elle s'arrêta.

A la nouvelle du retour de Napoléon, les étrangers, à peine reposés de leurs fatigues, se préparèrent à de nouveaux combats. Ils avaient en partant désarmé la France; un des premiers soins de Bonaparte ce fut de recréer un matériel de guerre. On approvisionna les places fortes au moyen de réquisitions. Les beaux pâturages des environs d'Avesnes se couvrirent de chevaux; plusieurs escadrons de cavalerie, des régimens d'infanterie, de formidables trains d'artillerie traversèrent la ville; les communes rurales se remplirent de troupes qui s'y établirent en cantonnement. La division du comte Reille avait son quartier général à Maubeuge et celle du comte Lobau avait le sien à Avesnes, où le prince Jérôme passa dans la Place d'Armes une grande revue. Le lit en fer et la batterie de cuisine de l'Empereur, les bagages de ses officiers, quantité de fourgons, des équipages, des ambulances, plusieurs brigades d'infirmiers et deux voitures immenses, remplies jusqu'à une grande hauteur, de béquilles, de jambes de bois, de bandages, arrivèrent à la file.

Napoléon entra lui-même dans Avesnes, le 13 juin, vers les six heures du matin, accompagné d'un nombreux état-major et de sa garde. Il reçut le corps municipal et s'entretint quelques secondes avec le maire. Le clergé, le tribunal d'arrondissement, les juges de paix se présentèrent à leur tour. Après avoir attendu long-temps, au pied d'un escalier, ils apprirent que l'Empereur voulait prendre un peu de repos. Ils se représentèrent plusieurs heures plus tard, mais alors l'Empereur travaillait et il ne leur fut pas permis de le distraire. Il avait en effet d'autre occupation que celle de donner des audiences et d'ouïr des harangues de pure étiquette, si, comme tout porte à le croire, ce fut d'Avesnes qu'il adressa l'ordre au ministre de la guerre d'expédier les fusils nécessaires pour armer les paysans belges; au duc d'Albuféra, de commencer les hostilités du côté des Alpes; au général Rapp, de défendre l'Alsace à outrance. Ce fut à Avesnes aussi qu'il prépara la proclamation du lendemain, dernier cri de l'aigle s'enfonçant dans l'abyme. Vers les six heures du soir, il parcourut à cheval, entouré d'officiers du génie, une partie de la ville et des remparts, sortit par la porte de Fleurus, s'avança jusqu'à l'embranchement des grandes routes de Maubeuge et de Solre-le-Château, et rentra par la porte de Paris. On assure qu'à la vue des hauteurs qui commandent la place, il déclara qu'elle n'était pas tenable. Le 14, il franchit la frontière à la tête de l'armée.

Il n'avait été laissé dans Avesnes, la veille encombrée de troupes, qu'une compagnie de vétérans pour y tenir garnison. Il s'y formait des approvisionnemens considérables : d'énormes amas de bled et d'avoine étaient entassés dans les vastes greniers des casernes et couvraient le pavé de l'église ; plusieurs voitures de poudre furent déchargées dans les magasins; celui de *l'écluse*, qu'on avait empli jusqu'au comble d'artifices et de barils pleins, contenait 1,300,000 cartouches et 8,000 gargousses, outre quantité de bombes et d'obus avec leurs charges. Durant la matinée du 18, de petits détachemens de blessés parurent successivement dans la ville ; les habitans, et surtout les femmes, s'empressèrent de panser leurs plaies encore saignantes. On publia l'après-midi la nouvelle de la victoire remportée à Ligny. Le 19, les blessés se succédèrent en nombre plus considérable ; les uns précédaient, les autres suivaient un grand convoi de prisonniers. Le même jour, deux cents hommes de la garde nationale de Seine-et-Oise vinrent remplacer celle de l'arrondissement qui était partie depuis quelques semaines pour La Fère. Une compagnie d'artilleurs exercés vint, en même temps, se joindre aux canonniers bourgeois pour le service des batteries.

Vers le milieu de la journée du 21, la grande route de Maubeuge parut couverte de toute sorte de troupes dans un désordre inexprimable ; elles se précipitaient vers les portes qui se fermèrent aussitôt. Cavaliers, fantassins, voitures, pièces d'artillerie, hommes, chevaux, équipages, pressés les uns contre les autres, se mouvaient pêle-mêle. De longues traînées, se détachant de droite et de gauche comme des rameaux de ce tronc si étrange, se répandaient à travers champs. L'armée entière, frappée d'épouvante, dans une déroute complète et se croyant poursuivie par l'ennemi, venait se rompre sous les murs d'Avesnes.

La solitude et le silence avaient succédé à cet affreux tumulte, qui dura trente-six heures consécutives, quand le lendemain, à quatre heures après midi, on vit paraître sur la même route, un peloton de Prussiens à cheval. Au coup de canon qu'on leur tira, ils se séparèrent pour laisser passer le boulet, qui tomba à quelques pas devant eux ; mais ils se reformèrent aussitôt et disparurent. On en aperçut d'autres qui s'avançaient avec de l'artillerie, par un chemin de traverse, à la faveur des haies dont il était couvert : un second coup de canon partit des remparts. Ils ripostèrent quelques minutes après, et mirent en pièces, du second des projectiles qu'ils lancèrent, la bannière qui flottait au haut du clocher. A la canonnade se mêla vers six heures le feu de la mousqueterie. Les habitans descendirent et s'entassèrent, hommes, femmes, enfans, dans les caves et les casemates. A onze heures environ, le feu se ralentit puis cessa tout-à-fait. Beaucoup d'hommes sortirent des souterrains ; les uns allèrent s'étendre sur leurs lits, moins pour se livrer au sommeil que pour calmer leurs sens agités, les autres parcoururent les rues à la douce et mélancolique clarté d'une lune brillante. Ayant entendu quelques nouveaux coups de canon, entre minuit et une heure, la plupart se hâtèrent de regagner l'asile qu'ils avaient quitté. Tout-à-coup une explosion épouvantable, avec des sifflemens aigus, une commotion qui éteignit partout les lumières, une crépitation semblable à celle d'une fusée, et une odeur de poudre suffoquante, laissèrent chacun momentanément persuadé qu'une bombe, tombée à ses côtés, allait éclater, et que cet instant affreux était le dernier de sa vie. Le magasin à poudre *de l'Ecluse* venait de sauter dans les airs, et retombant sur la ville et les alentours en une grêle de plomb, de fer, de feu, de pierres, de souffre enflammé, de poutres flambantes, écrasait les toits, renversait les murs, couvrait le sol de décombres.

Dès que la frayeur fut dissipée, ceux qui craignaient d'avoir éprouvé des pertes, hommes et femmes, pâles, consternés, silencieux, s'acheminèrent vers leurs demeures. On eût dit des spectres sortant de leurs tombeaux et se glissant dans l'ombre, à travers les ruines d'une cité depuis long-temps déserte. Les bâtimens qui couronnent au nord le haut du rocher, étaient percés à jour et découverts. Le bas de la ville, entièrement dévasté, offrait un aspect effroyable : les édifices, les arbres et jusqu'aux fondemens, tout avait été renversé, boulversé, fracassé, tout était confondu. Un gouffre profond, à demi rempli d'une eau bourbeuse, avait remplacé le magasin, et, comme pour compléter ce tableau de désolation, des cadavres meurtris et mutilés gisaient sur le bord du gouffre.

La ville, hors d'état d'opposer une plus longue résistance, fut contrainte de capituler, et se retrouva sous le joug d'une occupation militaire plus accablante que celle qu'elle avait déjà subie.

Fautes essentielles à corriger.

	AU LIEU DE	LISEZ :
Page 20, lig. 9,	1533,	1433.
— 50, — 19,	Vange,	Vuanghe.
— 59, — 10,	Etait celle,	Etait apparemment celle.
— 65, — 14,	Sec,	Sèche.
— 113, — 18,	Treize,	Quinze.
— 137, — 11,	Large,	Larges.
— 149, — 13,	Passa du moins les,	Passa les.
— 149, — 21,	1550,	La même année.
— 149, — 24,	L'année suivante,	En 1551.
— 180, — 7,	Ce ne fut que postérieurement à 1722 qu'ils se réunirent en communautés conformément aux,	Ils n'en reconnurent pas même postérieurement à 1722 malgré les.
— 180, — 11,	Les perruquiers se créèrent,	Les perruquiers, assujétis à d'autres règles, se créèrent.
— 195, — 29,	Et de Philippe,	Et Philippe.
— 199, — 11,	*Art. du,*	*Art. 2 du.*
— 208, — 5,	21,	19.

LISTE

des Souscripteurs

A

L'HISTOIRE D'AVESNES.

MM.

Angelet, notaire à Landrecies.
Ansiaux, régent au collége de Lille.
Aubry, géomètre en chef à Montauban.
Azambre, pharmacien à Avesnes.

Bailly, huissier à Maubeuge.
Barbereau, receveur principal des contributions indirectes à Avesnes.
Bertrand, maître de forges à Trélon.
Bomblé, marchand à Sars-Poteries.
Botieau, notaire à Maubeuge.
Bouvier fils, à Solre-le-Château.
Boy (Casimir), propriétaire au Quesnoy.
Bronchart, maire à Saint-Hilaire.
Broudehoux, régent au collége de Lille.
Brunnix, principal du collége d'Avesnes.
Bruyère, greffier du juge de paix à Berlaimont.
Buisseret, commis à pied à Avesnes.

Carlin (Mme), supérieure des Sœurs de Sainte-Thérèse à Avesnes.
Carniaux, huissier à Avesnes.
Carpentier, propriétaire à Villers-Pôl.
Caverne, pharmacien à Avesnes.

MM.

Chas, commandant de la place à Avesnes.
Chartiaux, propriétaire à Avesnes.
Chopin, musicien au 10me de ligne.
Christ, pharmacien à Fourmies.
Clavon, avocat à Avesnes.
Clavon, notaire à Fourmies.
Comtesse, instituteur à Saint-Aubin.
Coopmann, conservateur des hypothèques à Avesnes.
Corbeau, propriétaire à Saint-Remy-Chaussée.
Cornulier (marq. de), au château d'Avais (Loire-Inférieure).
Courtin, huissier à Maubeuge.
Crapez, maire à Bavai.
Cuisset, propriétaire à Eclaibes.

Dandois-Maillard, négociant à Maubeuge.
Davoine, notaire à Avesnes.
Dausse, sous-préfet à Avesnes.
De Guerne (baron), maire à Douai.
De Guerne, substitut à Avesnes.
Delachinal, maître de Verrerie à Sars-Poteries.
Delannoye (Frédéric), prop. à Vendegies-au-Bois.
Delcroix (Pierre), propriétaire à Berlaimont.
Delcroix, homme de lettres à Cambrai.
Delebecke, notaire à Solre-le-Château.
Delflache, artiste vétérinaire à Avesnes.
Demeuninck, employé de la préfecture du Nord.
Denis, curé à Avesnes.
De Préseau, propriétaire à Hugémont.
Despret, maire à Anor.
Déquesne, instituteur à Trélon.
Devise père, propriétaire à Landrecies.

MM.

Devise fils, entrepreneur des routes à Avesnes.
Dollez, maire à Landrecies.
Dollez (Edouard), marchand à Landrecies.
Dubois, commis-greffier à Avesnes.
Dubois, notaire à Trélon.
Dubois, secrétaire à Trélon.
Dumesnil, maire à Damousies.

Émond, notaire à Berlaimont.
Estienne, propriétaire à Maubeuge.

Fosset, percepteur à Eppe-Sauvage.
Flament, quincallier à Avesnes.
Froment, huissier à Landrecies.

Gabet, pharmacien à Landrecies.
George, juge-de-paix à Avesnes.
George, propriétaire à l'Épine.
Gille, propriétaire à Etrœungt.
Godefroy, médecin à Avesnes.
Godefroy (Camille), à Paris.
Gossart, négociant à Avesnes.
Gourdin, professeur de mathématiques à Cambrai.
Grard, directeur des postes à Solre-le-Château.
Groslevin-Delambre (Mme), prop. à Dompierre.
Guérard, chef de section au ministère de la guerre.
Guillemin, maire à Avesnes.
Guillemin, avocat à Avesnes.
Guillemin (Jules), fabricant de papier, à Sales, près Rodez.

Hannoye (Désiré), avocat à Avesnes.
Hannoye (Jules), avoué à Avesnes

MM.

Haussy, tisserand à Saint-Hilaire.
Havée, propriétaire à Boulogne.
Hennebert, juge à Avesnes.
Hennet, percepteur à Berlaimont.
Honoré, juge de paix au Quesnoy.
Houzé, secrétaire de la sous-préfecture à Avesnes.
Hufty, maire à Glageon.
Hulin (Jean-Baptiste), propriétaire à Cartignies.

Jonquoy, greffier du tribunal civil à Avesnes.

La Chapelle, maître de verrerie à Landrecies.
Lasne (Auguste), propriétaire à Berlaimont.
Lavice, avoué à Avesnes.
Lebeau, greffier du tribunal correctionnel à Avesnes.
Lebeau (Ernest), avocat à Calais.
Lebrun, percepteur à Ferrière-la-Grande.
Lebrun, huissier à Avesnes.
Leduc, régisseur de la Fagne-de-Sains.
Leduc, percepteur à Eth.
Legros, notaire à Gommegnies.
Legrand, instituteur à Dourlers.
Lelong, répétiteur à Avesnes.
L'Hôte, receveur principal des douanes à Avesnes.
Lion, instituteur à Sains.
Liénard, huissier à Solre-le-Château.
Lecoq, professeur à l'Ecole vétérinaire de Lyon.
Loiff (Melle), directrice des postes à Avesnes.
Loteau, ancien maire à Gognies-Chaussée.

Mairie (la) d'Avesnes.
Mahérenne, secrétaire de la mairie à Avesnes.
Malengros, propriétaire à Trélon.

MM.

Manet, vicaire à Avesnes.
Marmignon, imprimeur-libraire à Limoges.
Marchant, notaire à Maubeuge.
Mary, propriétaire à Aymeries.
Mary, maire à Berlaimont.
Marit, juge à Avesnes.
Martin, propriétaire à Maubeuge.
Maurice, avocat à Avesnes.
Méchin (le baron), préfet du Nord.
Merlin, lieutenant-général commandant la 18e division militaire, à Dijon,
Meunier, avocat à Avesnes.
Michaux, libraire à Avesnes.
Monard, à Avesnes.
Mouquet, propriétaire à Berlaimont.

Normand, instituteur à Bavai.

Oubert, entrepreneur des fortifications à Avesnes.

Pamart ainé, à Solre-le-Château.
Pasqual, notaire à Avesnes.
Passage, greffier du juge de paix à Maubeuge.
Paul, avoué à Avesnes.
Paul, notaire à Berlaimont.
Pauquet fils, à Avesnes.
Petit, propriétaire à Aibes.
Petit, lieutenant de douanes à Bettignies.
Piérart, ancien directeur des postes à Avesnes.
Poucez, propriétaire à Trélon.

Ringuet, notaire à Avesnes.
Rogier, juge de paix à Trélon.

MM.

Rousseau, propriétaire à Saint-Hilaire.

Semaille, curé-doyen de Saint-Pierre à Douai.
Saulnier, chirurgien-major en retraite à Avesnes.
Saudemont, curé-doyen à Etrœungt.
Sesmaisons (comte de), pair de France.
Société d'Agriculture de l'arrondissement d'Avesnes.
Société de Lecture du collége d'Avesnes.
Spick, hôtel du nord à Maubeuge.

Taillandier, conseiller à la cour royale de Paris.
Thieuleux, propriétaire à Solre-le-Château.
Thomas, instituteur à Ohain.
Torry, architecte à Avesnes.
Tordeux (Emile), propriétaire à Avesnes.
Toussaint, brasseur à Maubeuge.
Trussy (Marius), architecte à Avesnelles.

Valin, propriétaire à l'Épine.
Vanackère, imprimeur-libraire à Lille.
Vendamme, secrétaire de la mairie au Quesnoy.
Vendois, médecin à Maroilles.
Virlet, ingénieur des mines à Paris.

Walkiers (Eugène), professeur de musique à Paris.
Walrand, notaire à Maubeuge.
Wallerand, instituteur à Féron.
Wiart, médecin à Sains.
Wiart, propriétaire à Liessies.
Willaume, conservateur des hypothèques, à Ancenis.

Il existe encore un petit nombre d'exemplaires des *Promenades dans l'Arrondissement d'Avesnes*, par Mme **CLÉMENT-HÉMERY**, dont le présent ouvrage forme le complément;

2 VOLUMES IN-12. = PRIX, 5 FRANCS.

On peut en faire la demande à M. VIROUX, imprimeur-libraire, à Avesnes.

www.ingramcontent.com/pod-product-compliance
Lightning Source LLC
Chambersburg PA
CBHW051921160426
43198CB00012B/1983